Racconti in Tedesco

Racconti in Tedesco per principianti e intermedi

Lukas Schneider

greenthumbpublishing@gmail.com

Contenuti

Introduzione

La lettura di una lingua straniera è uno dei modi più efficaci per migliorare le competenze linguistiche e ampliare il vocabolario. Tuttavia, a volte può essere difficile trovare materiali di lettura coinvolgenti e di livello adeguato, che diano una sensazione di realizzazione e di progresso. La maggior parte dei libri e degli articoli scritti per i madrelingua può essere troppo lunga e difficile da capire, oppure può avere un vocabolario di livello molto alto, per cui ci si sente sopraffatti e si rinuncia. Se questi problemi vi suonano familiari, allora questo libro fa per voi!

Racconti Brevi in Tedesco è una raccolta di 25 racconti non convenzionali e divertenti pensati per aiutare gli studenti di livello da principiante a intermedio di Tedesco a migliorare le loro competenze linguistiche.

Questi racconti creano un ambiente di lettura di supporto, includendo;

- Ricchi contenuti linguistici in diversi generi per intrattenere l'utente ed esporlo a una varietà di forme di parole.
- Storie brevi in capitoli per darvi la soddisfazione di finire le storie e progredire rapidamente.
- Testi scritti al vostro livello in modo da essere più facilmente comprensibili e non opprimenti.
- Traduzione italiana a pagine alterne per potervi fare riferimento direttamente riga per riga durante la lettura della storia Tedesco.
- I vocaboli chiave sono stampati in grassetto lungo tutta la storia e la traduzione per aiutare a capire meglio le parole non familiari.

- Domande di comprensione per testare la comprensione degli eventi chiave e per incoraggiare la lettura più approfondita.

Se volete ampliare il vostro vocabolario, migliorare la vostra comprensione o semplicemente leggere per divertimento, questo libro è il più grande passo avanti che farete nei vostri studi quest'anno. I Racconti Brevi in Tedesco vi daranno tutto il supporto di cui avete bisogno, quindi sedetevi, rilassatevi e lasciate correre la vostra immaginazione mentre venite trasportati in un magico mondo di avventura, mistero e intrighi - in Tedesco!

Come utilizzare questo libro

La lettura è un talento difficile da padroneggiare. Nella nostra lingua madre usiamo una serie di micro-abilità per aiutarci a leggere. Ad esempio, possiamo sfogliare un brano per avere una comprensione approssimativa del contenuto. Oppure potremmo sfogliare numerose pagine di un orario ferroviario alla ricerca di un orario o di un luogo specifico. Mentre queste micro-abilità sono una seconda natura quando leggiamo nella nostra lingua madre, la ricerca rivela che spesso dimentichiamo la maggior parte di esse quando leggiamo in una lingua straniera. Quando si impara una lingua straniera, di solito si parte dall'inizio di un testo e lo si sfoglia, cercando di capire ogni singola parola. Inevitabilmente, ci imbattiamo in termini sconosciuti o complessi e ci infastidisce l'incapacità di comprenderli.

Uno dei maggiori vantaggi della lettura di una lingua straniera è quello di essere esposti a un gran numero di frasi ed espressioni che vengono utilizzate nelle situazioni quotidiane. La lettura intensiva è un termine usato per descrivere la lettura per piacere al fine di imparare una lingua. Non è come la lettura di un libro di testo, quando le conversazioni o i testi sono concepiti per essere letti lentamente e con attenzione con l'obiettivo di comprendere ogni parola. La "lettura intensiva" si riferisce alla lettura effettuata per raggiungere obiettivi di apprendimento specifici o per completare compiti. In altre parole, la lettura approfondita dei libri di testo di solito favorisce l'apprendimento di regole grammaticali e di un vocabolario particolare, mentre la lettura intensiva di storie favorisce l'apprendimento del linguaggio

naturale.

I Racconti Brevi in Tedesco vi offriranno l'opportunità di conoscere meglio la lingua naturale Tedesco in uso, anche se forse avete iniziato il vostro percorso di apprendimento delle lingue esclusivamente con i libri di testo. Ecco alcuni suggerimenti da tenere a mente mentre leggete le storie di questo libro per trarne il massimo beneficio: Quando si tratta di leggere, il divertimento e il senso di realizzazione sono fondamentali. Si continua a tornare perché ci si diverte a leggere. Leggere ogni storia dall'inizio alla fine è il metodo migliore per godersi le storie e sentirsi realizzati. Di conseguenza, la cosa più importante è arrivare alla fine di una storia. È più importante che conoscere ogni singola parola.

Più si legge, più si acquisisce conoscenza. Se si leggono libri più grandi per piacere, si acquisisce rapidamente una conoscenza di come funziona la Tedesco. Tuttavia, tenete presente che per ottenere tutti i benefici della lettura estensiva, dovete prima leggere un volume sufficientemente consistente. Leggere qualche pagina qua e là può insegnare qualche parola nuova, ma non farà una differenza significativa nel livello generale di Tedesco.

Accettate il fatto che non riuscirete a comprendere tutto ciò che leggete in un romanzo. Questo è, senza dubbio, il punto più cruciale! Ricordate sempre che non capire tutte le parole o le frasi è assolutamente accettabile. Non significa che le vostre competenze linguistiche siano inadeguate o che il vostro rendimento sia scarso. Indica che state partecipando attivamente al processo di apprendimento.

Guida alla lettura

Per trarre il massimo beneficio dalla lettura di Racconti Brevi in Tedesco, è meglio seguire questo semplice processo di lettura in sei fasi per ogni capitolo dei racconti:

1. Leggete il titolo del capitolo. Pensate al tema della storia. Poi leggete la storia fino in fondo. Il vostro obiettivo è semplicemente quello di arrivare alla fine della storia. Pertanto, non fermatevi a cercare le parole e non preoccupatevi se ci sono cose che non capite. Cercate semplicemente di seguire la trama.

2. Quando arrivate alla fine della storia, scrutate la traduzione italiana per vedere se avete capito cosa è successo e per cogliere il contesto che vi è sfuggito.

3. Tornate indietro e rileggete la stessa storia. Se volete, potete concentrarvi di più sui dettagli della storia rispetto a prima, ma altrimenti leggete semplicemente un'altra volta.

4. Successivamente, leggete le domande di comprensione in Tedesco per verificare la vostra comprensione degli eventi chiave della storia. Se non capite completamente le domande, non preoccupatevi. Utilizzate le vostre conoscenze per rispondere al meglio.

5. A questo punto dovreste aver compreso gli eventi principali del capitolo. In caso contrario, potreste rileggere il capitolo alcune volte utilizzando la traduzione per controllare le parole e le frasi sconosciute fino a quando non vi sentirete sicuri.

Una volta che siete pronti e sicuri di aver capito cosa è successo - che sia dopo una o più letture della storia - passate alla storia successiva e continuate a godervi la storia al vostro ritmo, proprio come fareste con qualsiasi altro libro.

Solo una volta completata una storia nella sua interezza, si può pensare di tornare indietro e studiare il linguaggio della storia in modo più approfondito, se lo si desidera. Oppure, invece di preoccuparvi di capire tutto, prendetevi del tempo per concentrarvi su ciò che avete capito e congratularvi con voi stessi per quanto avete fatto.

Racconti in Tedesco

Street Food probieren

Das erste Mal, dass ich deutsches Streetfood gegessen habe, war während einer Reise nach Berlin. Ich **erinnere mich, dass ich** eine gefühlte Ewigkeit in der Schlange stand, aber das war es wert, als ich endlich diese leckere Currywurst in die Finger bekam. Die Wurst war so saftig und die Currysauce war perfekt. Auch die knusprigen Pommes frites, die es dazu gab, fand ich klasse. Es war eine so einfache Mahlzeit, aber sie hat **fantastisch** geschmeckt. Seitdem bin ich süchtig nach **deutschem** Straßenessen. Wann immer ich in Berlin bin, muss ich mir eine Currywurst und Pommes besorgen (und manchmal sogar eine Brezel oder zwei). Aber auch wenn ich nicht in Deutschland bin, sehne ich mich von Zeit zu Zeit nach diesen Geschmacksrichtungen. Deshalb habe ich mich entschlossen, mein eigenes deutsches Street Food zu Hause zuzubereiten. Es bedurfte einiger Versuche (und einer Menge Essen), aber **schließlich habe** ich meine eigene Version der Currywurst perfektioniert. **Wenn ich** jetzt Lust auf etwas Herzhaftes und Würziges habe, brauche ich nur den Grill anzuwerfen und ein paar Würstchen zuzubereiten! Ich stand in der Schlange vor dem Currywurststand, und mir lief das Wasser im

Provare il cibo di strada

La prima volta che ho mangiato cibo **di strada** tedesco è stato durante un viaggio a Berlino. **Ricordo di** aver fatto una fila che mi è sembrata interminabile, ma ne è valsa la pena quando finalmente ho messo le mani su quel delizioso currywurst. La salsiccia era così succosa e la salsa al curry era perfetta. Mi sono piaciute molto anche le patatine fritte che l'accompagnavano. Era un pasto così semplice, ma dal sapore **straordinario**. Da allora mi sono appassionata al cibo di strada **tedesco**. Ogni volta che mi trovo a Berlino, mi assicuro di mangiare currywurst e patatine fritte (e a volte anche uno o due pretzel). Ma anche quando non sono in Germania, di tanto in tanto ho voglia di questi sapori. Ecco perché ho deciso di provare a preparare il mio street food tedesco a casa. Ci sono voluti un po' di tentativi ed errori (e un sacco di mangiate), ma **alla fine** ho perfezionato la mia versione del currywurst. Ora, **ogni volta che ho** voglia di qualcosa di sostanzioso e saporito, non devo fare altro che accendere la griglia e cucinare delle salsicce! Ero in fila allo stand del Currywurst, con l'acquolina in bocca per l'attesa. L'odore delle salsicce grigliate mi faceva brontolare lo stomaco.

Mund zusammen. Ich konnte den Geruch der gegrillten Würstchen riechen und mein Magen knurrte.

Endlich war ich an der Reihe, zu bestellen. “Eine Currywurst bitte”, sagte ich, während ich ein paar Euro übergab. Die Frau hinter dem Tresen lächelte und legte mir eine **dampfend** heiße Wurst auf einen Pappteller. Dann **spritzte** sie etwas Currysauce darüber und gab eine Handvoll Pommes dazu, bevor sie mir das Ganze überreichte. Ich nahm mein Essen und suchte mir einen Platz an einem der nahe gelegenen Picknicktische. Dann stürzte ich mich darauf und genoss jeden Bissen dieses köstlichen **deutschen** Straßenessens. Die Wurst war saftig und würzig, und die Currysauce gab genau die richtige Menge an Schärfe hinzu. Und die knusprigen Pommes frites waren perfekt, um sie in die extra Portion Soße zu tunken! Ich spazierte durch die Straßen Berlins und nahm alle Sehenswürdigkeiten und Geräusche in mich auf. Die Stadt war voller Menschen, und es gab so viele Dinge zu sehen.

Ich kam an einigen **Straßenhändlern vorbei**, die alles von Brezeln bis hin zu **Würstchen** verkauften, aber mein Magen war schon voll vom Mittagessen, also ging ich weiter. Plötzlich duftete es nach Currywurst, und mir lief das Wasser im Mund zusammen. Ich konnte nicht widerstehen, noch einen letzten Snack zu mir zu nehmen, bevor ich mich auf den Weg zu meinem Hotelzimmer machte.

Finalmente arrivò il mio turno di ordinare. “Un currywurst per favore”, dissi mentre consegnavo alcuni euro. La donna dietro il bancone sorrise e mi mise una salsiccia **fumante** su un piatto di carta. Poi ci **spruzzò** sopra un po’ di salsa al curry e aggiunse una manciata di patatine fritte prima di porgermi il tutto. Presi il cibo e trovai un posto per sedermi a uno dei tavoli da picnic vicini. Poi mi misi a mangiare, assaporando ogni boccone di quel delizioso street food **tedesco**. La salsiccia era succosa e saporita, mentre la salsa al curry aggiungeva la giusta quantità di spezie. E quelle patatine croccanti erano perfette per intingere quel po’ di salsa in più! Camminavo per le strade di Berlino, ammirando tutti i panorami e i suoni. La città era piena di gente e c’erano così tante cose da vedere.

Sono passata accanto ad alcuni **venditori** ambulanti che vendevano di tutto, dai pretzel alle **salsicce**, ma il mio stomaco era già pieno dal pranzo, così ho continuato a camminare. All’improvviso, l’odore del currywurst si diffuse nell’aria e mi venne l’acquolina in bocca. Non potevo resistere a **fare** un ultimo spuntino prima di tornare nella mia stanza d’albergo.

Fragen zum Verständnis

1. Was sagt die Autorin über ihre ersten Erfahrungen mit deutschem Streetfood?

2. Was sagt der Autor über die Wurst?

3. Was sagt der Autor über die Currysauce?

4. Was sagt der Autor über die Pommes frites?

5. Was sagt der Autor über das deutsche Straßenessen im Allgemeinen?

6. Was sagt die Autorin über ihre Vorliebe für deutsches Straßenessen?

7. Was sagt der Autor über den Versuch, deutsches Straßenessen zu Hause zuzubereiten?

8. Was sagt die Autorin über das zweite Mal, als sie deutsches Straßenessen gegessen hat?

Domande di comprensione

1. Cosa racconta l'autrice della sua prima esperienza con il cibo di strada tedesco?

2. Cosa dice l'autore della salsiccia?

3. Che cosa dice l'autore della salsa al curry?

4. Cosa dice l'autore delle patatine?

5. Che cosa dice l'autore del cibo di strada tedesco in generale?

6. Che cosa dice l'autrice a proposito della sua voglia di cibo di strada tedesco?

7. Cosa dice l'autore a proposito del tentativo di preparare il cibo di strada tedesco a casa?

8. Che cosa dice l'autrice della seconda volta che ha mangiato il cibo di strada tedesco?

Brandenburger Tor

Das Brandenburger Tor war einst ein Symbol für Hoffnung und Freiheit. Doch jetzt erinnert es an die dunklen Tage der Vergangenheit. Das Tor ist mit Graffiti **beschmiert**, und der Boden rundherum ist mit Müll übersät. Es ist Jahre her, dass jemand diesen Ort besucht hat. Aber heute **ist etwas**
ist anders. Eine junge Frau nähert sich dem Tor und zögert einen Moment, bevor sie hindurch tritt. Sie schaut sich die **Trostlosigkeit** und Traurigkeit um, die sie umgibt, und kann sich eines Gefühls der Verzweiflung nicht erwehren. Doch dann sieht sie etwas, das ihren Blick fesselt: eine einzelne Blume, die aus den Rissen im Pflaster wächst. Sie bückt sich, um sie aufzuheben, denn sie spürt, dass sie jemand von der anderen Straßenseite aus beobachtet. Als sie aufblickt, sieht sie einen alten Mann, der sie **aufmerksam anschaut**. Er sagt nichts, aber er nickt leicht mit dem Kopf, als wolle er "Willkommen" sagen. Die Frau lächelt ihm zu, bevor sie sich abwendet und in Richtung Stadtzentrum **geht**. Sie weiß, dass es hier noch Menschen gibt, denen dieser Ort am Herzen liegt; Menschen, die ihn noch nicht aufgegeben haben.

Vielleicht werden andere eines Tages sehen, was sie

Porta di Brandeburgo

Un tempo la Porta di Brandeburgo era un simbolo di speranza e libertà. Ma ora ricorda i giorni bui del passato. La porta è **ricoperta** di graffiti e il terreno intorno è disseminato di rifiuti. Sono anni che nessuno visita questo luogo. Ma oggi **qualcosa** è diverso. Una giovane donna si avvicina al cancello ed esita un attimo prima di attraversarlo. Si guarda intorno alla **desolazione** e alla tristezza che la circondano e non può fare a meno di provare un senso di disperazione. Ma poi vede qualcosa che cattura la sua attenzione: un singolo fiore che spunta dalle crepe del marciapiede. Si china per raccoglierlo, intuendo che qualcuno la sta osservando dall'altra parte della strada. Quando alza lo sguardo, vede un uomo anziano che la guarda **con attenzione**. Non dice nulla, ma fa un leggero cenno con la testa, come per dire "benvenuta". La donna gli sorride prima di allontanarsi e **camminare** verso il centro della città. Sa che qui ci sono ancora persone che tengono a questo posto; persone che non lo hanno ancora abbandonato.

Forse un giorno altri vedranno quello che vede lei: che può esserci bellezza anche nell'oscurità; che può esserci speranza anche nella **tristezza**. La

sieht: dass es auch in der Dunkelheit Schönheit geben kann; dass es auch in der **Traurigkeit** Hoffnung geben kann. Die Frau geht durch die Straßen der Stadt und nimmt die Sehenswürdigkeiten und Geräusche um sich herum in sich auf. Sie war noch nie an diesem Ort, aber sie fühlt sich mit ihm verbunden. Vielleicht liegt es daran, dass sie weiß, was es einmal war; vielleicht liegt es **daran, dass** sie sehen kann, was es wieder sein könnte. Als sie **sich dem** Stadtzentrum nähert, hört sie Musik aus einer der Seitenstraßen. Es ist eine wunderschöne Melodie, die sie mit Hoffnung erfüllt. Sie folgt dem Klang, bis sie zu einem kleinen Park kommt, in dem ein alter Mann auf seiner Geige für jeden, der zuhören will, spielt. Sie setzt sich auf eine Bank und schließt die Augen, um sich von der Musik berieseln zu lassen. Als er aufhört zu spielen, öffnet sie die Augen, und **um sie herum ertönt** Beifall. Der alte Mann verbeugt sich höflich, packt sein Instrument ein und geht.

Die **Frau** bleibt noch eine Weile im Park und genießt die Ruhe und den Frieden, bevor sie in ihr Hotelzimmer zurückkehrt. Als sie in dieser Nacht einschläft, träumt sie von einer Zeit, in der diese Stadt wieder lebendig ist, in der die Menschen wieder stolz sind, in der ihre Tore für alle offen sind, die nach Freiheit suchen. Die Frau steht wieder am Brandenburger Tor, aber dieses Mal ist sie nicht allein.

donna cammina per le strade della città, osservando i panorami e i suoni che la circondano. Non è mai stata in questo posto prima d'ora, ma sente un legame con esso. Forse perché sa com'era una volta; forse **perché** riesce a vedere cosa potrebbe essere di nuovo. Mentre **si avvicina** al centro della città, sente una musica **provenire** da una delle strade laterali. È una bella melodia che la riempie di speranza. Segue il suono fino ad arrivare a un piccolo parco dove un vecchio suona il suo violino per chiunque voglia ascoltare. Si siede su una panchina e chiude gli occhi per lasciarsi avvolgere dalla musica. Quando lui smette di suonare, lei apre gli occhi e **intorno a lei** risuona un applauso. Il vecchio si inchina educatamente, impacchetta il suo strumento e se ne va.

La **donna** rimane nel parco per un po', godendosi la pace e la tranquillità, prima di tornare nella sua stanza d'albergo. Quando si addormenta quella notte, sogna un tempo in cui questa città sia di nuovo viva, in cui la gente sia di nuovo orgogliosa, in cui le sue porte siano aperte a tutti coloro che cercano la libertà. La donna si trova di nuovo davanti alla Porta di Brandeburgo, ma questa volta non è sola.

Fragen zum Verständnis

1. Wo befindet sich das Brandenburger Tor?

2. Wie sieht das Brandenburger Tor heute aus?

3. Wann wurde das Brandenburger Tor gebaut?

4. Was ist das Brandenburger Tor, das als Symbol dient?

5. Was ist das Brandenburger Tor heute für ein Symbol?

6. Wie viele Tore gibt es am Brandenburger Tor?

7. Wie viele Menschen können durch das Brandenburger Tor gehen?

8. Was ist, wenn man durch das Brandenburger Tor geht?

9. Wie fühlt sich die Frau, als sie das Brandenburger Tor sieht?

Domande di comprensione

1. Dove si trova la Porta di Brandeburgo?

2. Che aspetto ha oggi la Porta di Brandeburgo?

3. Quando è stata costruita la Porta di Brandeburgo?

4. Che cosa rappresenta la Porta di Brandeburgo?

5. Che cosa rappresenta oggi la Porta di Brandeburgo?

6. Quanti cancelli ci sono nella Porta di Brandeburgo?

7. Quante persone possono passare attraverso la Porta di Brandeburgo?

8. Cosa succede quando si attraversa la Porta di Brandeburgo?

9. Cosa prova la donna quando vede la Porta di Brandeburgo?

Biergarten in München

Die Sonne ging über der Stadt München unter, und der **Biergarten füllte sich** langsam mit Menschen. Die Luft war dick mit dem Geruch von Hopfen und Malz, und der Klang von Lachen und **Gesprächen** erfüllte die Luft. Überall im Garten waren Tische aufgestellt, und die Kellner waren damit beschäftigt, Bestellungen aufzunehmen und Getränke **zu servieren**. In einer Ecke spielte eine Band traditionelle **deutsche Musik**, und die Leute tanzten zu den flotten Klängen. Es war ein perfekter Abend, um mit Freunden ein kühles Bier im Freien zu genießen. Und genau das tat Hans Müller jeden Abend nach der Arbeit. Er setzte sich an seinen Lieblingstisch in der Nähe des Musikpavillons, trank ein paar Bier, hörte Musik, plauderte mit alten und neuen Freunden und sah zu, wie Paare um ihn herum im Takt der Musik tanzten. Der heutige Abend schien auf den ersten Blick wie jeder andere Abend zu sein. Doch als Hans sich umsah, **bemerkte er, dass** heute Abend etwas anders war: Es schienen mehr Familien als sonst da zu sein. Die Eltern saßen an den Tischen und unterhielten sich, während ihre **Kinder** herumliefen und Spiele spielten oder sich gegenseitig **von** Tisch zu

Giardino della birra a Monaco

Il sole stava tramontando sulla città di Monaco e la birreria **all'aperto** cominciava a riempirsi di gente. L'aria era densa di odore di luppolo e di malto e il suono delle risate e delle **conversazioni** riempiva l'aria. I tavoli erano disposti in tutto il giardino e i camerieri erano impegnati a prendere le ordinazioni e a **servire le** bevande. In un angolo c'era una band che suonava musica tradizionale **tedesca** e la gente ballava al ritmo delle melodie vivaci. Era una serata perfetta per godersi una birra fresca all'aperto con gli amici. Ed è esattamente quello che Hans Muller faceva ogni sera dopo il lavoro. Si sedeva al suo tavolo **preferito** vicino al palco, beveva qualche birra, ascoltava la musica, chiacchierava con amici vecchi e nuovi e guardava le coppie che ballavano intorno a lui a tempo di musica. A prima vista, questa serata sembrava come tutte le altre. Ma quando Hans si guardò intorno **notò** qualcosa di diverso nella folla di stasera: sembravano esserci più famiglie del solito. I genitori erano seduti ai tavoli a chiacchierare mentre i **figli** correvano in giro a giocare o a rincorrersi **tra i** tavoli. Non passò molto tempo prima che Hans
si è trovato circondato da bambini ridenti che giocavano

Tisch jagten. Es dauerte nicht lange, bis Hans war er von lachenden Kindern umgeben, die um ihn herum Fangen spielten.

Er musste über ihre **Unschuld** schmunzeln, denn sie erinnerte ihn an seine eigene Kindheit in **München**. Hans Müller liebte seine Stadt, und er liebte den Biergarten. Es war ein Ort, an dem Menschen aus allen Gesellschaftsschichten zusammenkamen, um sich zu entspannen, Kontakte zu knüpfen und einfach den **Genuss** eines kalten Bieres an einem warmen Abend zu genießen. Er kam schon seit Jahren hierher, seit er alt genug war, um zu trinken. Und in all dieser Zeit hatte er es noch nie so **voll** mit Familien gesehen. Die Kinder, die **zwischen den** Tischen herumliefen, waren voller Energie, ihr Lachen erfüllte die Luft. Sie schienen so viel Spaß zu haben, dass es Hans glücklich machte, ihnen zuzusehen, und er **erinnerte sich daran, wie es** war, so jung und sorglos zu sein. Plötzlich rannte eines der Kinder in ihn hinein und stieß **versehentlich** sein Bierglas um.

a rimpiattino intorno a lui.

Non poté fare a meno di sorridere della loro **innocenza**; gli ricordava la sua infanzia, cresciuta a **Monaco**. Hans Muller amava la sua città e amava la birreria all'aperto. Era un luogo in cui persone di ogni estrazione sociale venivano a rilassarsi, a socializzare e a godersi il semplice **piacere** di una birra fresca in una serata calda. Veniva qui da anni, da quando era abbastanza grande per bere. E in tutto questo tempo non l'aveva mai visto così **affollato** di famiglie. I bambini che correvano **tra i** tavoli erano pieni di energia e le loro risate riempivano l'aria. Sembravano divertirsi così tanto che Hans era felice solo a guardarli. **Ricordava** com'era essere giovani e spensierati in quel modo. All'improvviso, uno dei bambini lo urtò **facendogli accidentalmente cadere il** bicchiere di birra.

Fragen zum Verständnis

1. Was sagt der Autor über den Geruch in der Luft?

2. Was macht Hans Müller jede Nacht?

3. Was fällt Hans Müller auf, was an der Menge heute Abend anders ist?

4. Woran erinnern die Kinder Hans Müller?

5. Was denkt Hans Müller über die herumlaufenden Kinder?

6. Was macht Hans Muller am liebsten im Biergarten?

7. Was denkt Hans Müller über die Familien im Biergarten?

Domande di comprensione

1. Che cosa dice l'autore a proposito dell'odore dell'aria?

2. Cosa fa Hans Muller ogni sera?

3. Cosa nota Hans Muller di diverso nella folla di stasera?

4. Cosa ricordano i bambini ad Hans Muller?

5. Cosa pensa Hans Muller dei bambini che corrono in giro?

6. Qual è la cosa che Hans Muller preferisce fare nella birreria?

7. Cosa pensa Hans Muller delle famiglie nella birreria?

Weihnachtsmarkt

Es war ein kalter Wintertag, und der Weihnachtsmarkt war in vollem Gange. Die **Stände** waren festlich geschmückt, und die Luft war erfüllt vom Geruch von Glühwein und gerösteten Kastanien. Ich **schlenderte** umher und nahm all die Sehenswürdigkeiten und Geräusche des **Marktes in mich auf**, als ich plötzlich etwas entdeckte, das mein Herz zum Stillstand brachte. Vor mir stand ein Stand, an dem handgefertigtes Holzspielzeug verkauft wurde. Und zwischen all den anderen Spielsachen stach mir eines sofort ins Auge - eine **wunderschöne** kleine Nussknackerpuppe. Ich wusste **sofort,** dass ich sie haben musste. Ich sprach die Verkäuferin an und fragte, wie viel sie kostete. Sie sagte mir, dass sie fünfzig **Dollar** kostete **- mehr** als ich jemals zuvor für ein Spielzeug bezahlt hatte! Aber ich zögerte nicht, übergab das Geld und nahm meinen neuen Schatz in Besitz.

Sobald ich zu Hause war, konnte ich es kaum erwarten, mehr über meine neue Nussknackerpuppe herauszufinden. Soweit ich es von ihrem schlichten Aussehen her beurteilen konnte, schien sie ziemlich alt zu sein... aber wer wusste das schon so genau? Nachdem ich im Internet **recherchiert hatte**, fand ich heraus, dass diese Art von Puppen in Deutschland in

Mercatino di Natale

Era una fredda giornata invernale e il mercatino di **Natale** era in pieno svolgimento. Le **bancarelle** erano addobbate a festa e nell'aria si sentiva il profumo del vin brulé e delle castagne arrostite. Mi **aggiravo tra** le bancarelle per godermi tutti i panorami e i suoni del **mercatino**, quando all'improvviso ho notato qualcosa che mi ha fatto fermare il cuore. Davanti a me c'era una bancarella che vendeva giocattoli di legno fatti a mano. Tra tutti i giocattoli, ce n'era uno che ha catturato immediatamente la mia attenzione: una **bellissima** bambola schiaccianoci. Ho capito **subito** che dovevo averla. Mi avvicinai alla bancarella e chiesi quanto costava. Mi disse che costava cinquanta **dollari, una cifra** mai pagata prima per un giocattolo! Ma non esitai, consegnai il denaro e presi possesso del mio nuovo tesoro.

Appena tornata a casa, non vedevo l'ora di saperne di più sulla mia nuova bambola **schiaccianoci**. Per quanto ho potuto capire dal suo semplice aspetto, sembrava essere piuttosto antica... ma chi poteva saperlo con certezza? Dopo aver fatto qualche **ricerca** online, ho scoperto che questo tipo di bambole era molto popolare in Germania nel 1800, il che significa che il mio piccolo **schiaccianoci** poteva avere ben più

den 1800er Jahren sehr beliebt war - was bedeutete, dass mein kleiner **Nussknacker** weit über 200 Jahre alt sein könnte! Wenn ich nur daran denke, fühle ich mich noch mehr mit ihm verbunden.
Da ich nun etwas mehr über mein neues Spielzeug wusste, war es an der Zeit, ihm (oder ihr) einen Namen zu geben. Nach reiflicher **Überlegung** entschied ich mich für "Klaus" - nach der **berühmten** deutschen Volksfigur, die Kindern zur Weihnachtszeit Geschenke bringt. Das schien perfekt zu passen. Klaus wurde schnell zu einem geschätzten Mitglied unserer Familie. Von da an nahm er jedes Jahr in der Weihnachtszeit einen stolzen Platz auf unserem Kaminsims ein. Und jedes Jahr verbrachte ich einige Zeit damit, mit ihm zu plaudern und ihm alles zu erzählen, was in meinem Leben passiert war, seit wir das letzte Mal miteinander gesprochen hatten. Es mag albern klingen, aber ich hatte das Gefühl, dass er mir wirklich zuhörte und alles verstand, was ich sagte!

Im Laufe der Jahre, als jedes **Weihnachten** kam und ging, wurde **Klaus** mehr als nur eine Puppe für mich... er wurde mein Freund. Dann, ein Jahr später, änderte sich alles. Ich wachte am Weihnachtsmorgen auf und stellte fest, dass Klaus nicht mehr auf dem Kaminsims stand. Zuerst dachte ich, er müsse **über Nacht** heruntergefallen und zerbrochen sein... aber **nirgends war eine** Spur von ihm zu sehen.

di 200 anni! Il solo pensiero mi ha fatto sentire ancora più affezionata a lui.
Ora che sapevo qualcosa di più sul mio nuovo giocattolo, era giunto il momento di dargli (o darle) un nome. Dopo aver **riflettuto a** lungo, ho deciso di chiamarlo “Klaus”, come il **famoso** personaggio popolare tedesco che porta i regali ai bambini nel periodo natalizio. Sembrava un nome perfetto. Klaus divenne subito un membro molto amato della nostra famiglia. Ogni anno, da quel momento in poi, si è posizionato sulla nostra mensola del camino durante le festività. E ogni anno passavo un po' di tempo a chiacchierare con lui, raccontandogli tutto quello che era successo nella mia vita dall'ultima volta che ci eravamo sentiti. Può sembrare una sciocchezza, ma mi sembrava che stesse davvero ascoltando e capendo tutto quello che dicevo!

Con il passare degli anni, ogni **Natale**, **Klaus è** diventato più di un semplice pupazzo per me... è diventato mio amico. Poi, un anno dopo, tutto cambiò. La mattina di Natale mi sono svegliata e ho scoperto che Klaus era sparito dalla mensola del camino. All'inizio pensai che fosse caduto e si fosse rotto **durante la notte...** ma non c'era traccia di lui **da nessuna parte**. Era come se fosse svanito nel nulla.

Fragen zum Verständnis

1. Was war die erste Reaktion des Protagonisten, als er die Nussknackerpuppe sah?

2. Wie viel hat der Protagonist für die Nussknackerpuppe bezahlt?

3. Wie hat der Protagonist die Nussknackerpuppe genannt?

4. Wo ist die Nussknackerpuppe hingegangen, als der Protagonist am Weihnachtsmorgen aufgewacht ist?

5. Warum glaubt der Protagonist, dass die Nussknackerpuppe verschwunden ist?

6. Was macht der Protagonist, wenn er jetzt den Weihnachtsmarkt besucht?

7. Welche Nachforschungen hat der Protagonist über die Herkunft der Nussknackerpuppe angestellt?

8. Welche Gefühle hat der Protagonist gegenüber der Nussknackerpuppe?

Domande di comprensione

1. Qual è stata la reazione iniziale del protagonista alla vista della bambola schiaccianoci?

2. Quanto ha pagato il protagonista per la bambola schiaccianoci?

3. Come ha chiamato il protagonista la bambola schiaccianoci?

4. Dov'è finita la bambola schiaccianoci quando il protagonista si è svegliato la mattina di Natale?

5. Perché il protagonista pensa che la bambola schiaccianoci sia scomparsa?

6. Che cosa fa il protagonista quando visita il mercatino di Natale?

7. Quali sono state le ricerche del protagonista sulle origini della bambola schiaccianoci?

8. Quale sentimento prova il protagonista nei confronti della bambola schiaccianoci?

Hamburger Hafen

Der Hamburger Hafen ist ein geschäftiger Ort. **Schiffe** aus der ganzen Welt kommen und gehen, und es gibt immer etwas zu sehen. Ich wollte schon immer einmal dorthin und bekam schließlich die Gelegenheit, als meine Freundin mich **einlud**, sie auf einem Ausflug zu begleiten. Wir kamen früh am Morgen an, gerade als die Sonne ging auf. Die Luft war kalt, aber frisch, und der Geruch von Salzwasser war belebend. Wir gingen hinunter zu den Docks, **wo** wir die Schiffe sehen konnten, die in den Hafen ein- und ausliefen. Es gab so viele davon! Und sie waren alle so unterschiedlich - manche klein und schnittig, andere groß und **träge**. Es war erstaunlich, wie präzise sie in ihre Liegeplätze hinein- und herausmanövrierten. Dabei sahen wir ein Schiff einlaufen, das den **bunten** Flaggen an den Masten nach zu urteilen aus Afrika oder vielleicht sogar aus Indien stammen könnte.

Meine Freundin erzählte mir, dass diese Art von Schiff als **Frachter** bezeichnet wird, weil es keine Passagiere, sondern Fracht befördert, wie die meisten anderen Schiffe heutzutage. Sie sagte, dass man manchmal Leute an Deck **arbeiten** sieht, während das Schiff durch den Hafen fährt - könnt ihr euch das vorstellen? Aber

Porto di Amburgo

Il porto di Amburgo è un luogo vivace. **Navi** da tutto il mondo vanno e vengono e c'è sempre qualcosa da vedere. Avevo sempre desiderato visitarlo e finalmente ne ho avuto l'occasione quando una mia amica mi ha **invitato** ad unirmi a lei per una gita. Siamo **arrivati la** mattina presto, proprio mentre il sole stava sorgendo. L'aria era fredda ma fresca e l'odore dell'acqua salata era rinvigorente. Camminammo fino al molo, **dove** potevamo vedere le navi che entravano e uscivano dal porto. Ce n'erano così tante! Ed erano tutte così diverse: alcune piccole e slanciate, altre grandi e **lente**. È stato incredibile vederle **manovrare con** tanta precisione per entrare e uscire dai loro ormeggi. Mentre guardavamo, abbiamo visto arrivare una nave che sembrava provenire dall'Africa o forse dall'India, a giudicare dalle bandiere **colorate** che sventolavano dalle teste d'albero.

La mia amica mi ha detto che questo tipo di nave si chiama **cargo** perché trasporta merci invece di passeggeri, come la maggior parte delle altre navi al giorno d'oggi. Mi ha detto che a volte si vedono persone **che lavorano** sul ponte anche mentre la nave si muove nel porto - ve lo immaginate? - ma oggi non si vedeva

heute war niemand **an Bord** zu sehen, außer oben im Krähennest, wo jemand hoch über allem, was unter ihm an Deck passiert, Ausschau hielt. Nachdem wir das Treiben **im Hafen** eine Weile beobachtet hatten, beschlossen wir, ein wenig herumzulaufen und die Stadt zu erkunden. Hamburg ist eine große Stadt, und es gab so viel zu sehen. Wir spazierten durch schmale Straßen mit Geschäften und Cafés, vorbei an Kirchen und Regierungsgebäuden, bis wir schließlich am berühmten Fischmarkt ankamen. Der Markt war bereits in vollem Gange, obwohl es noch früh **am Morgen war**. Die Verkäufer riefen ihre Waren in einer Mischung aus **Deutsch** und Englisch an und versuchten, Kunden an ihre Stände zu locken. Die Luft war dick mit dem Geruch von Meeresfrüchten - einige frisch und köstlich duftend, andere nicht so sehr.

Aber das alles trug zu der **festlichen** Atmosphäre des Ortes bei. Wir schlenderten eine Weile herum und nahmen alle Sehenswürdigkeiten und Geräusche (und Gerüche!) des Marktes in uns auf, bevor wir uns schließlich entschlossen, bei einem der Verkäufer, die **gegrillte** Garnelenspieße anboten, etwas **zu essen**. Nach dem Mittagessen gingen wir zurück zum Hafengebiet und beschlossen, eine Fahrt mit einem der Ausflugsboote zu machen, die Touren durch den Hafen anbieten.

nessuno a **bordo**, tranne che nella coffa, dove c'era qualcuno che faceva la guardia al di sopra di tutto ciò che accadeva sotto di lui a livello del ponte. Dopo aver osservato l'attività del **porto** per un po', abbiamo deciso di fare una passeggiata e di esplorare la città. Amburgo è una grande città e c'è molto da vedere. Camminammo per strade strette, fiancheggiate da negozi e caffè, passando davanti a chiese e palazzi governativi, finché non arrivammo al famoso mercato del pesce. Il mercato era già in piena attività, anche se era ancora **mattina** presto. I venditori gridavano le loro merci in un misto di **tedesco** e inglese, cercando di attirare i clienti verso le loro bancarelle. L'aria era densa dell'odore dei frutti di mare, alcuni dei quali erano freschi e dall'odore delizioso, altri meno.

Ma tutto ciò contribuiva all'atmosfera **festosa** del luogo. Abbiamo gironzolato per un po', ammirando tutti i panorami e i suoni (e gli odori!) del mercato prima di decidere di comprare il **pranzo** da uno dei venditori di spiedini di gamberi **alla griglia**. Dopo pranzo, siamo tornati nella zona del porto e abbiamo deciso di fare un giro su una delle barche **turistiche** che fanno il giro del porto.

Fragen zum Verständnis

1. Wie heißt die Stadt, die der Autor besucht hat?

2. Was hielt der Autor von den Menschen in Köln?

3. Wie heißt die berühmte Kathedrale in Köln?

4. Was hält der Autor von der Kathedrale?

5. Was hat der Autor in der Kathedrale gemacht?

6. Wie fand der Autor die Aussicht vom Turm der Kathedrale?

7. Was hat der Autor zu Abend gegessen?

8. Wo befand sich das Restaurant?

9. Wie fand der Autor das Essen?

Domande di comprensione

1. Come si chiama la città visitata dall'autore?

2. Cosa pensa l'autore degli abitanti di Colonia?

3. Come si chiama la famosa cattedrale di Colonia?

4. Cosa pensa l'autore della cattedrale?

5. Che cosa ha fatto l'autore nella cattedrale?

6. Cosa pensa l'autore della vista dalla cima della torre della cattedrale?

7. Cosa ha mangiato l'autore per cena?

8. Dove si trovava il ristorante?

9. Cosa pensa l'autore del cibo?

Der Schwarzwald

Als ich den Schwarzwald betrete, werde ich sofort von der Dunkelheit eingehüllt. Die **Bäume** stehen so dicht **beieinander**, dass sie das meiste Licht ausblenden, und das einzige Geräusch ist das Knirschen der Blätter unter meinen Füßen. Ich spüre eine **Vorahnung**, als ich immer tiefer in den **Wald eindringe**, und bald kann ich den Weg hinter mir nicht mehr sehen. Ich gehe weiter, obwohl ich nicht sicher bin, wohin ich gehe oder was ich finden werde. Plötzlich bewegt sich etwas vor mir, und ich zucke erschrocken zurück. Es ist nur ein Reh, aber es erschreckt mich trotzdem. Während es davonhüpft, denke ich darüber nach, wie leicht man sich hier verlaufen kann. Ich wandere weiter durch den Schwarzwald und behalte
halten Sie Ausschau nach Anzeichen von **Zivilisation**.

Die Sonne geht langsam unter, und ich weiß, dass ich bald einen Unterschlupf finden muss. Ich höre ein Rascheln im **Gebüsch** und werde nervös, aber es ist nur ein weiteres Reh. Ich entspanne mich etwas, **gehe** aber weiter. Es wird jetzt dunkel, und ich habe immer noch keine Spur gefunden, die einer Fährte ähnelt. Plötzlich sehe ich in der Ferne ein Licht und **laufe darauf zu**. Als ich näher komme, sehe ich, dass es aus einer Hütte kommt. Erleichterung macht sich in

La Foresta Nera

Quando entro nella Foresta Nera, vengo immediatamente avvolto dall'oscurità. Gli **alberi** sono così **vicini** che bloccano la maggior parte della luce e l'unico suono è lo scricchiolio delle foglie sotto i miei piedi. Ho una sensazione di **presagio** mentre mi addentro nel **bosco** e presto non riesco più a vedere il sentiero dietro di me. Continuo a camminare, anche se non sono sicuro di dove sto andando o di cosa troverò. All'improvviso, qualcosa si muove davanti a me e faccio un salto indietro con un sussulto. È solo un cervo, ma mi spaventa comunque. Mentre si allontana, penso a quanto sarebbe facile perdersi in questo posto. Continuo a camminare attraverso la Foresta Nera, mantenendo la
un occhio attento a qualsiasi segno di **civiltà**.

Il sole comincia a tramontare e so che devo trovare presto un riparo. Sento un fruscio tra i **cespugli** e mi irrigidisco, ma è solo un altro cervo. Mi rilasso leggermente, ma continuo a **muovermi**. Si sta facendo buio e non ho ancora trovato nessuna traccia. All'improvviso, vedo una luce in lontananza e inizio a **camminare** verso di essa. Quando mi avvicino, vedo che proviene da una capanna. Mi sento sollevato, mi avvicino alla capanna e busso alla porta. Dopo qualche

mir breit, als ich zur Hütte gehe und an die Tür klopfe. Nach ein paar **Augenblicken öffnet** eine alte Frau die Tür. Sie sieht **überrascht** aus, mich zu sehen, aber sie bittet mich herein und bietet mir an, einen Tee zu kochen. Ich nehme ihr Angebot dankend an und setze mich ans Feuer. Die alte Frau beginnt, mir von dem **Wald zu erzählen**. Sie sagt, es sei ein magischer Ort, voller Geheimnisse und Wunder. Sie erzählt mir, dass sie einmal ein Einhorn im Wald gesehen hat, und ich kann nicht anders, als ihr zu glauben. Während wir so dasitzen und reden, fühle ich, wie meine Sorgen dahinschmelzen.

Ich war gerade dabei, mich zu entspannen, als ich plötzlich **draußen** ein Geräusch hörte. Es hört sich an, als würde etwas **auf die** Hütte zukommen. Ich schnappe mir schnell mein Messer und verstecke mich hinter der Tür. Als ich durch den Spalt spähe, sehe ich einen großen schwarzen Bären auf seinen Hinterbeinen laufen. Er schnüffelt herum und scheint mich noch nicht gesehen zu haben. Ich bin mir nicht sicher, was ich tun soll. Ich warte, was **mir** wie eine Ewigkeit vorkommt, aber schließlich geht der Bär weg. Ich stoße einen Seufzer der Erleichterung aus und lege mein Messer weg.

istante, una donna anziana apre la porta. Sembra **sorpresa** di vedermi, ma mi invita a entrare e mi offre di preparare del tè. Accetto con gratitudine la sua offerta e mi siedo accanto al fuoco. L'anziana donna inizia a parlarmi della **foresta**. Dice che è un luogo magico, pieno di segreti e meraviglie. Mi racconta di quando ha visto un unicorno nella foresta e io non posso che crederle. Mentre ci sediamo a parlare, sento che le mie preoccupazioni si dissolvono.

Stavo finalmente iniziando a rilassarmi quando, all'improvviso, ho sentito un rumore **all'esterno**. Sembra che qualcosa si stia avvicinando **alla** cabina. Afferro rapidamente il mio coltello e mi nascondo dietro la porta. Sbirciando attraverso la fessura, vedo un grosso orso nero che cammina sulle zampe posteriori. Sta annusando in giro e sembra non avermi ancora visto. Non so bene cosa fare. Aspetto per un tempo che sembra infinito, ma alla fine l'orso si allontana. Tiro un sospiro di sollievo e metto via il coltello.

Fragen zum Verständnis

1. Wie heißt die Stadt, die der Autor besucht hat?

2. Was hielt der Autor von den Menschen in Köln?

3. Wie heißt die berühmte Kathedrale in Köln?

4. Was hält der Autor von der Kathedrale?

5. Was hat der Autor in der Kathedrale gemacht?

6. Was hält der Autor von der Aussicht von der Spitze der Kathedrale?

7. Was hat der Autor zu Abend gegessen?

8. Wo war das Restaurant?

9. Wie hat der Autor das Essen empfunden?

10. Welchen Gesamteindruck hatte der Autor von Köln?

Domande di comprensione

1. Come si chiama la città visitata dall'autore?

2. Cosa pensa l'autore degli abitanti di Colonia?

3. Come si chiama la famosa cattedrale di Colonia?

4. Cosa pensa l'autore della cattedrale?

5. Che cosa ha fatto l'autore nella cattedrale?

6. Cosa pensa l'autore della vista dalla cima della cattedrale?

7. Cosa ha mangiato l'autore per cena?

8. Dove si trovava il ristorante?

9. Come si è sentito l'autore durante il pasto?

10. Qual è l'impressione generale dell'autore sull'acqua di colonia?

Kölner Dom

Ich wollte schon immer einmal Köln besuchen. Ich hatte schon so viel über die Stadt und ihren berühmten Dom gehört. Als ich eingeladen wurde, an einer Konferenz teilzunehmen, bekam ich endlich die Gelegenheit dazu. Ich kam an einem sonnigen Tag im Juni in Köln an. Das erste, was mir auffiel, war, wie sauber und gut gepflegt die Stadt war. **Überall, wo** ich hinsah, gab es Blumen und Bäume. Und die Menschen! Sie waren so freundlich und hilfsbereit, immer bereit, stehen zu bleiben und zu plaudern oder mir den Weg zu zeigen. Ich hatte gehört, dass die **Kathedrale** wirklich eine beeindruckende Sehenswürdigkeit ist. Seine gewaltige Größe ist **atemberaubend**, und im Inneren ist es so friedlich, trotz der Tausenden von Menschen, die ihn jeden Tag besuchen. Ich beschloss, den Kölner Dom zu besuchen, während ich in Köln war. Ich nahm den Bus von meinem Hotel und erreichte das **prächtige** Bauwerk innerhalb einer Stunde.

Nachdem ich eine Weile die Fassade bewundert hatte, ging ich hinein und war **von** der Größe des Gebäudes **überwältigt**. Es war ein unwirkliches Gefühl, an einem so historischen Ort zu stehen. Ich spazierte durch die Kathedrale, bewunderte ihre schöne Architektur und erfuhr etwas über ihre Geschichte. Ich besuchte

Cattedrale di Colonia

Ho sempre desiderato visitare Colonia. Avevo sentito parlare molto della città e della sua famosa cattedrale. Finalmente ho avuto la mia occasione quando sono stata invitata a partecipare a una conferenza. Sono arrivata a Colonia in una soleggiata giornata di giugno. La prima cosa che mi ha **colpito** è stata la pulizia e la manutenzione della città. **Ovunque** guardassi, c'erano fiori e alberi. E le persone! Erano così cordiali e disponibili, sempre pronti a fermarsi a chiacchierare o a offrire indicazioni. Avevo sentito dire che la **cattedrale** è davvero uno spettacolo incredibile. Le sue dimensioni imponenti **lasciano senza fiato** e l'interno è così tranquillo, nonostante le migliaia di persone che lo visitano ogni giorno. Ho deciso di visitare la Cattedrale di Colonia mentre ero a Colonia. Ho preso l'autobus dal mio hotel e ho raggiunto la **magnifica** struttura in un'ora.

Dopo aver ammirato la facciata per un po', sono entrata e sono rimasta **impressionata dalle** sue dimensioni. Mi è sembrato surreale trovarmi in un luogo così storico. Ho passeggiato per la cattedrale, ammirando la sua splendida architettura e conoscendo la sua storia. Ho visitato anche il tesoro, che ospita molti manufatti di valore inestimabile. Sono rimasta **subito** colpita

auch die Schatzkammer, in der viele unschätzbare Artefakte aufbewahrt werden. Ich war **sofort** von der hoch aufragenden gotischen **Architektur** beeindruckt. Nachdem ich einige Minuten lang die Außenfassade bewundert hatte, machte ich mich auf den Weg ins Innere. Das Innere der Kathedrale war sogar noch atemberaubender als die Außenansicht. Der höhlenartige Raum wurde durch **Sonnenlicht** erhellt, das durch die Buntglasfenster hereinfiel. Ich verbrachte einige Zeit damit, herumzulaufen und alle Details dieses unglaublichen Gebäudes in mich aufzunehmen, bevor ich mich auf die Spitze eines der Türme begab. Von dort oben hatte ich einen atemberaubenden Blick auf Köln und die Umgebung. Nachdem ich die Aussicht eine Weile genossen hatte, stieg ich wieder auf den Boden hinunter und erkundete den Rest dieses erstaunlichen Ortes, eines der bekanntesten und schönsten **Gebäude** in Deutschland, das ich endlich aus der Nähe sehen konnte.

dall'imponente **architettura** gotica. Dopo aver ammirato l'esterno per qualche minuto, mi sono diretta all'interno. L'interno della cattedrale era ancora più mozzafiato dell'esterno. Lo spazio cavernoso era illuminato dalla **luce del sole** che entrava dalle vetrate. Ho trascorso un po' di tempo **passeggiando** e osservando tutti i dettagli di questo incredibile edificio prima di raggiungere la cima di una delle sue torri. Dall'alto ho potuto godere di una splendida vista su Colonia e oltre. Dopo essermi goduta la vista per un po', sono scesa di nuovo al livello del suolo e ho continuato a esplorare il resto di questo posto incredibile. È uno degli **edifici** più iconici e belli della Germania e finalmente ho avuto la possibilità di vederlo da vicino.

Fragen zum Verständnis

1. Wie heißt die Stadt, die der Autor besucht hat?

2. Was hielt der Autor von den Menschen in Köln?

3. Wie heißt die berühmte Kathedrale in Köln?

4. Was hält der Autor von der Kathedrale?

5. Was hat der Autor in der Kathedrale gemacht?

6. Wie fand der Autor die Aussicht vom Turm der Kathedrale?

7. Was hat der Autor zu Abend gegessen?

8. Wo befand sich das Restaurant?

9. Wie fand der Autor das Essen?

10. Welchen Gesamteindruck hat der Autor von Köln?

Domande di comprensione

1. Come si chiama la città visitata dall'autore?

2. Cosa pensa l'autore degli abitanti di Colonia?

3. Come si chiama la famosa cattedrale di Colonia?

4. Cosa pensa l'autore della cattedrale?

5. Che cosa ha fatto l'autore nella cattedrale?

6. Cosa pensa l'autore della vista dalla cima della torre della cattedrale?

7. Cosa ha mangiato l'autore per cena?

8. Dove si trovava il ristorante?

9. Cosa pensa l'autore del cibo?

10. Qual è stata l'impressione generale dell'autore su Colonia?

Besuch in Berlin

Ich wollte schon immer mal nach Berlin. Ich hatte schon so viel über die Stadt gehört - die Geschichte, die Kultur, das Essen. Als sich mir dann endlich die Gelegenheit bot, die Stadt zu besuchen, ergriff ich die Gelegenheit. Ich kam an einem kalten, grauen **Januartag** in Berlin an. Aber selbst das Wetter konnte meine Laune nicht trüben. Ich war begeistert, hier zu sein. Ich begann meine Erkundung der Stadt mit der **Besichtigung** einiger ihrer berühmtesten **Wahrzeichen**. Das Brandenburger Tor, der Reichstag, Checkpoint Charlie - all diese Orte hatte ich bisher nur auf Fotos oder im Fernsehen gesehen. Und jetzt war ich tatsächlich hier und stand vor ihnen. Ich verbrachte ein paar Tage damit, durch die Straßen Berlins zu schlendern und die **Sehenswürdigkeiten** und Geräusche dieser erstaunlichen Stadt in mich aufzunehmen. Ich aß Currywurst und trank Bier in Biergärten.

Ich habe Museen und **Kunstgalerien** besucht. Ich habe sogar eine Bootsfahrt auf der Spree gemacht. Ich habe mir auch einige weniger bekannte Orte angesehen, wie den **Mauerpark** und die East Side **Gallery**. Ich war wirklich beeindruckt, wie viel Geschichte es in Berlin gibt. Jede Ecke schien eine Geschichte zu erzählen zu

Visitare Berlino

Ho sempre desiderato visitare Berlino. Avevo sentito parlare così tanto della città: la storia, la cultura, il cibo. Così, quando finalmente ho avuto l'opportunità di visitarla, ho colto al volo l'occasione. Sono arrivata a Berlino in una fredda e grigia giornata di **gennaio**. Ma nemmeno il tempo è riuscito a smorzare il mio spirito. Ero entusiasta di essere qui. Ho iniziato la mia esplorazione della città **visitando** alcuni dei suoi **monumenti** più famosi. La Porta di Brandeburgo, il Reichstag, il Checkpoint Charlie: tutti luoghi che avevo visto solo in foto o in televisione. E ora ero davvero qui, davanti a loro. Ho trascorso alcuni giorni a vagare per le strade di Berlino, per ammirare i **panorami** e i suoni di questa città straordinaria. Ho mangiato currywurst e bevuto birra nelle birrerie all'aperto.

Ho visitato musei e **gallerie** d'arte. Ho anche fatto un giro in barca lungo il fiume Sprea. Mi sono anche assicurata di visitare alcuni dei luoghi meno conosciuti, come il **Mauerpark** e la East Side **Gallery**. Sono rimasta davvero colpita dalla quantità di storia che c'è a Berlino. Ogni angolo sembrava avere una storia da raccontare. Mi è piaciuto molto conoscere il passato della città e tutte le **diverse** culture che l'hanno influenzata. Mi sono piaciuti anche il cibo e la vita

haben. Ich fand es toll, etwas über die Vergangenheit der Stadt und all die **verschiedenen** Kulturen zu erfahren, die sie beeinflusst haben. Ich habe auch das Essen und das Nachtleben in Berlin genossen. Es gibt so viele tolle Restaurants und Bars, aus denen man wählen kann. Ich betrat die Bar und fühlte mich sofort fehl am Platz. Es war zu hell, zu laut, und alle schienen viel zu viel Spaß zu haben. Ich bestellte ein **Bier** und setzte mich allein an einen Tisch. Ich beobachtete die Leute eine Weile und fragte mich, was ihre Geschichten waren. Waren sie Einheimische oder Touristen?
Was machten sie in Berlin? Während ich an meinem Bier nippte, begann ich mich zu entspannen und die Atmosphäre zu genießen. Das war der Grund, warum ich Berlin liebte - es war immer so lebendig und es gab immer **etwas** Neues zu entdecken. Die **Musik** begann in meinem Körper zu pulsieren, und ich konnte nicht anders, als mit dem Fuß mitzuwippen. Es dauerte nicht lange, und ich erhob mich von meinem Platz und tanzte allein in der Mitte des Lokals. Niemand kümmerte sich darum, dass ich niemanden kannte - sie waren alle zu sehr damit beschäftigt, sich zu amüsieren. Ich verließ die Bar lächelnd und war glücklich, eine andere Seite Berlins kennengelernt zu haben, von der ich gar nicht wusste, dass sie existiert.

notturna di Berlino. Ci sono così tanti ottimi ristoranti e bar tra cui scegliere. Sono entrata in un bar e mi sono sentita subito fuori posto. Era troppo luminoso, troppo rumoroso e tutti sembravano **divertirsi** troppo. Ordinai una **birra** e mi sedetti a un tavolo da solo. Ho osservato le persone per un po', chiedendomi quali fossero le loro storie. Erano persone del posto o turisti? Cosa ci facevano a Berlino? Sorseggiando la mia birra, ho iniziato a rilassarmi e a godermi l'atmosfera. Era per questo che amavo Berlino: era sempre così viva e c'era sempre **qualcosa di** nuovo da scoprire. La **musica** iniziò a pulsare nel mio corpo e non potei fare a meno di battere il piede insieme ad essa. In breve tempo mi alzai dalla sedia e mi ritrovai a ballare da sola in mezzo al bar. A nessuno importava che non conoscessi nessuno, erano tutti troppo impegnati a divertirsi. Lasciai il bar sorridendo, felice di aver sperimentato un altro lato di Berlino che non sapevo esistesse.

Fragen zum Verständnis

1. Wie war das Wetter, als der Autor in Berlin ankam?

2. Welche Orte hat der Autor während seines Aufenthalts in Berlin besucht?

3. Wie fand der Autor das Essen in Berlin?

4. Welchen Eindruck hatte der Autor von den Menschen in Berlin?

5. Wie fand der Autor das Nachtleben in Berlin?

6. Was hält der Autor von der Geschichte der Stadt?

7. Was hat dem Autor an seinem Besuch in Berlin am besten gefallen?

8. Was hat der Autor zum Abendessen im Restaurant bestellt?

Domande di comprensione

1. Che tempo faceva quando l'autore arrivò a Berlino?

2. Quali sono alcuni dei luoghi che l'autore ha visitato a Berlino?

3. Cosa pensa l'autore del cibo di Berlino?

4. Che impressione ha avuto l'autore della gente di Berlino?

5. Cosa pensa l'autore della vita notturna di Berlino?

6. Cosa pensa l'autore della storia della città?

7. Qual è stata la parte preferita dell'autore nel visitare Berlino?

8. Cosa ha ordinato l'autore per cena al ristorante?

Fußballspiel

Als junger Amerikaner habe ich mich nie wirklich für Fußball interessiert. Ich wusste zwar davon, und ich hatte ein paar Spiele im Fernsehen gesehen, aber es **hat** mich nie wirklich interessiert. Als ich jedoch nach Deutschland zog, um zu studieren, begann ich eine echte Liebe für diesen Sport zu entwickeln. Und wo könnte man besser **Fußball** sehen als in Deutschland, wo einige der besten Mannschaften der Welt zu Hause sind? Als mir ein Freund von einem Fußballspiel in Berlin erzählte, wusste ich, dass ich unbedingt hingehen musste. Ich war noch nie zuvor bei einem Spiel gewesen, geschweige denn bei einem Fußballspiel, aber ich war **gespannt darauf**, etwas Neues zu erleben. Das **Spiel** war unglaublich. Tausende von Menschen aus ganz Deutschland (und sogar einige aus anderen Ländern) kamen zusammen, um ihre Liebe zum Fußball zu feiern. Es waren so viele verschiedene Mannschaften vertreten, und alle sangen und skandierten gemeinsam. Es war eine unglaubliche Atmosphäre.

Damals wusste ich noch nicht viel über den deutschen Fußball, aber ich erfuhr schnell, dass Bayern München die beliebteste Mannschaft war. Und wie sich herausstellte, spielten sie auch im **Endspiel**. Es

Partita di calcio

Da giovane americano non sono mai stato appassionato di calcio: ne conoscevo l'esistenza e avevo visto qualche partita in televisione, ma non aveva mai **catturato il** mio interesse. Tuttavia, quando mi sono trasferito in Germania per l'università, ho iniziato a sviluppare un vero e proprio amore per questo sport. E quale posto migliore per guardare il **calcio** se non la Germania, la patria di alcune delle migliori squadre del mondo? Così, quando un amico mi ha parlato di una partita **di calcio che si** sarebbe svolta a Berlino, ho capito che dovevo andarci. Non ero mai stata a una partita prima d'ora, tanto meno a una partita di calcio, ma ero **entusiasta** di sperimentare qualcosa di nuovo. La **partita** è stata incredibile. Migliaia di persone provenienti da tutta la Germania (e anche da altri Paesi) si sono riunite per celebrare il loro amore per il calcio. Erano rappresentate tante squadre diverse e tutti cantavano e cantavano insieme. È stata un'atmosfera incredibile.

All'epoca non sapevo molto del calcio tedesco, ma ho imparato subito che il Bayern Monaco era la squadra più popolare. E, come si scoprì, giocava anche la partita **finale**. Quando arrivammo a Francoforte erano le prime **ore** del mattino. La città dormiva ancora, ma potevamo

war in den frühen Morgenstunden, als wir in Frankfurt ankamen. Die Stadt schlief noch, aber wir konnten die Aufregung in der Luft spüren. Wir machten uns auf den Weg zum Treffpunkt, wo sich bereits Menschen **versammelten**. Wir schlossen uns der Menge an und begannen zu marschieren. Die Sonne ging gerade auf, als wir durch die Straßen von **Frankfurt zogen**. Je näher wir dem **Stadion kamen**, desto mehr Menschen schlossen sich uns an. Als wir dort ankamen, war das Stadion überfüllt mit Menschen. Wir sangen und skandierten, während wir um das Stadion marschierten. Die **Atmosphäre** war elektrisierend. Wir konnten die Kraft der Menschen um uns herum spüren. Wir waren vereint in unserer Liebe für unser Team und unser Land. Der Marsch ging noch stundenlang weiter, aber schließlich war es Zeit, nach Hause zu gehen. Wir verließen das Stadion, unsere Stimmen klangen noch in unseren Ohren.

Wir haben heute Geschichte geschrieben. Wir haben der Welt gezeigt, dass Deutschland eine Kraft ist, mit der man **rechnen muss**. Ich war in **Deutschland**, als die Weltmeisterschaft dort stattfand. Es war ein wunderschöner Tag für einen Fußballmarsch. Die Sonne schien und die **deutschen** Fans waren in voller Montur unterwegs. Sie waren alle in den Farben ihrer Mannschaften gekleidet und sangen und skandierten, während sie gingen. Es war ein Meer aus Rot, Weiß und Schwarz.

sentire l'eccitazione nell'aria. Ci dirigemmo verso il punto d'incontro, dove la gente stava già **iniziando a** radunarsi. Ci siamo uniti alla folla e abbiamo iniziato a marciare. Il sole stava sorgendo mentre ci facevamo strada per le strade di **Francoforte**. Più ci avvicinavamo allo **stadio**, più la gente si univa a noi. Quando siamo arrivati, lo stadio traboccava di gente. Abbiamo cantato e cantato mentre marciavamo intorno allo stadio. L'**atmosfera** era elettrica. Potevamo sentire la forza delle persone intorno a noi. Eravamo uniti nell'amore per la nostra squadra e per il nostro Paese. La marcia è andata avanti per ore, ma alla fine è arrivato il momento di tornare a casa. Abbiamo lasciato lo stadio, con le voci che ancora risuonavano nelle orecchie.

Oggi abbiamo fatto la storia. Abbiamo dimostrato al mondo che la Germania è una forza da **non sottovalutare**. Ero in **Germania** quando si è svolta la Coppa del Mondo. Era una giornata bellissima per una marcia di calcio. Il sole splendeva e i tifosi **tedeschi** erano in piena forma. Erano tutti vestiti con i colori della loro squadra e cantavano e cantavano mentre andavano. Era un mare di rosso, bianco e nero.

Fragen zum Verständnis

1. Wie war die Atmosphäre im Stadion?

2. Wie hat sich der Autor gefühlt, als er das Spiel miterleben konnte?

3. Was war das einprägsamste Erlebnis für den Autor?

4. Wie war es für den Autor, die Mannschaft herauskommen zu sehen?

5. Wie war das noch gleich?

6. Wie war es für den Autor, an dem Marsch teilzunehmen?

7. Wie hat der Autor die Erfahrung insgesamt empfunden?

8. Wie war die Stimmung in der Menge?

Domande di comprensione

1. Che atmosfera si respirava allo stadio?

2. Come si è sentito l'autore nel poter assistere alla partita?

3. Qual è stata l'esperienza più memorabile per l'autore?

4. Cosa ha provato l'autore nel vedere la squadra uscire allo scoperto?

5. Che cosa è stato il like?

6. Come è stato per l'autore partecipare alla marcia?

7. Cosa pensa l'autore dell'esperienza nel suo complesso?

8. Com'era la folla?

Oktoberfest

Jedes Jahr strömen **Hunderttausende** von Menschen zum Oktoberfest, dem **größten Volksfest** der Welt, nach München. Die Veranstaltung ist ein Fest der bayerischen Kultur, das zwei **Wochen lang dauert** und am ersten Oktoberwochenende seinen Höhepunkt erreicht. Für viele Menschen ist das Oktoberfest eine Gelegenheit, sich auszutoben und kräftig zu feiern. Die Bierzelte sind immer voll, und es ist nicht **ungewöhnlich, dass man** Leute sieht, die herumstolpern und kaum stehen können. Aber das Oktoberfest ist auch eine familienfreundliche Veranstaltung mit vielen Aktivitäten für Kinder. Ich wollte schon immer mal auf das Oktoberfest gehen, aber ich habe es nicht geschafft, bis

Ich war Anfang **zwanzig**, als ich endlich die Reise antrat. Ich reiste mit einer Gruppe von Freunden, und wir hatten eine tolle Zeit. Wir begannen unsere Tage damit, **München** zu erkunden und einige **Sehenswürdigkeiten zu besichtigen**. Am Nachmittag fuhren wir dann zum Oktoberfestgelände und blieben dort bis spät in die Nacht.

Wir probierten all die **verschiedenen** Bierzelte aus und aßen viele traditionelle bayerische Gerichte. Wir gingen auch auf einige der Fahrgeschäfte, die

Oktoberfest

Ogni anno, centinaia di **migliaia di** persone si riversano a Monaco per l'Oktoberfest, la fiera **più grande** del mondo. L'evento è una celebrazione della cultura bavarese e dura due **settimane**, culminando nel primo fine settimana di ottobre. Per molti, l'Octoberfest è un'occasione per lasciarsi andare e fare festa. I tendoni della birra sono sempre stracolmi e non è **raro** vedere persone che barcollano, riuscendo a malapena a stare in piedi. Ma l'Octoberfest è anche un evento adatto alle famiglie, con molte attività per i bambini. Ho sempre desiderato andare all'Oktoberfest, ma solo dopo aver visto la festa di ottobre

Avevo poco più di **vent'anni** quando finalmente ho fatto il viaggio. Sono andata con un gruppo di amici e ci siamo divertiti moltissimo. Abbiamo iniziato le nostre giornate esplorando **Monaco** e facendo qualche **visita turistica**. Poi, nel pomeriggio, ci recavamo all'Octoberfest e restavamo lì fino a tarda sera.

Abbiamo provato tutti i **diversi** stand di birra e abbiamo mangiato un sacco di cibo tradizionale bavarese. Siamo anche saliti su alcune giostre, che sorprendentemente non erano così affollate come pensavo. L'odore di **pretzel** e birra fresca riempiva l'aria mentre mi facevo strada tra la folla dell'Oktoberfest. Non ho potuto fare

überraschenderweise nicht so überfüllt waren, wie ich dachte. Der Geruch von frischen **Brezeln** und Bier erfüllte die Luft, als ich mir meinen Weg durch die Oktoberfest-Massen bahnte. Ich konnte mir ein Lächeln nicht verkneifen, als ich die festliche **Atmosphäre in mich** aufnahm - überall lachten und tanzten die Leute. Ich kaufte mir einen Krug Bier und suchte mir einen Platz, um die Leute zu beobachten. Ich beobachtete, wie Gruppen von Freunden aufeinander anstießen, ihre Gläser aneinander stießen und große Schlucke Bier nahmen. Lachen und Musik erfüllten die Luft, und ich konnte nicht anders, als mit dem Fuß im Takt zu wippen. Plötzlich rempelte mich jemand von hinten an und **verschüttete** mein Bier über mein Hemd. Ich drehte mich um und sah eine Gruppe rüpelhafter Jugendlicher, die offensichtlich schon ziemlich betrunken waren. Sie **entschuldigten sich** vielmals und boten mir an, mir ein neues Bier zu kaufen. Ich lehnte ab, aber sie bestanden darauf, und so gab ich schließlich nach.

Ich unterhielt mich eine Weile mit ihnen und fand heraus, dass sie alle aus verschiedenen Teilen Deutschlands stammen. Sie **luden** mich an ihren Tisch **ein**, und ich hatte viel Spaß beim **Tanzen** und Trinken mit ihnen bis in die Nacht hinein. Als die Sonne aufging, wurde mir klar, dass ich eine unglaubliche Zeit erlebt hatte - das war definitiv eine Nacht, die ich nie vergessen werde!

a meno di sorridere mentre assaporavo l'**atmosfera** festosa: la gente rideva e ballava ovunque guardassi. Ho comprato un boccale di birra e ho trovato un posto per osservare la gente. Osservavo i gruppi di amici che brindavano tra loro, facendo tintinnare i bicchieri e bevendo grandi sorsi di birra. I suoni delle risate e della musica riempivano l'aria e non potevo fare a meno di battere il piede al ritmo. All'improvviso, qualcuno mi urtò da dietro, **rovesciandomi** la birra sulla camicia. Mi girai e vidi un gruppo di adolescenti chiassosi, che evidentemente erano già abbastanza ubriachi. Si **scusarono** abbondantemente e si offrirono di offrirmi un'altra birra. Io ho rifiutato, ma loro hanno insistito e alla fine ho ceduto.

Ho chiacchierato con loro per un po' e ho scoperto che provengono tutti da diverse parti della Germania. Mi hanno **invitato** a unirmi al loro tavolo e mi sono divertita a **ballare** e bere con loro fino a notte fonda. Quando il sole ha iniziato a sorgere, mi sono resa conto di aver trascorso un'esperienza incredibile: è stata sicuramente una serata che non dimenticherò mai!

Fragen zum Verständnis

1. Wo findet jedes Jahr das Oktoberfest statt?

2. Wie viele Menschen besuchen jedes Jahr das Oktoberfest?

3. Wofür ist das Oktoberfest bekannt?

4. Wie lange dauert das Oktoberfest?

5. In welchem Monat findet das Oktoberfest statt?

6. Warum wollte der Autor das Oktoberfest besuchen?

7. Wie ist der Autor zum Oktoberfest gereist?

8. Was hat der Autor in den Bierzelten gemacht?

9. Welche Aktivitäten gab es für Kinder?

10. Warum hat der Autor seinen Aufenthalt genossen?

Domande di comprensione

1. Dove si tiene ogni anno l'Oktoberfest?

2. Quante persone visitano l'Oktoberfest ogni anno?

3. Per cosa è nota l'Oktoberfest?

4. Quanto dura l'Oktoberfest?

5. In quale mese si svolge l'Oktoberfest?

6. Perché l'autore ha voluto visitare l'Oktoberfest?

7. Come si è recato l'autore all'Oktoberfest?

8. Cosa faceva l'autore nelle tende della birra?

9. Quali attività sono state organizzate per i bambini?

10. Perché l'autore ha apprezzato il suo soggiorno?

Am Strand

Nach Sonnenaufgang sind die Wellen lauter und der Sand oberhalb der Flut ist weiß. Ich gehe hinunter zum Strand, **bewundere** das Meer und die Sonne. Meine Zehen spüren die Rillen der Muscheln. Der Sand ist kalt an meinen Zehen. Ich lächle und gehe weiter. Die Flut ist hoch, also muss ich aufpassen, dass ich nicht hineingezogen werde. Ich laufe am Ufer entlang und bewundere das Meer. Der Sonnenaufgang ist **wunderschön**, und die Wellen plätschern. Ich fühle mich so friedlich. Ich komme zu einer Stelle, an der ein Felsvorsprung steht. Ich setze mich hin und beobachte die Wellen. Das Wasser ist so blau und der Himmel ist so **orange**. Ich fühle mich wie in einem Traum. Ich schließe die Augen und lausche einfach nur den Wellen. Ich saß lange Zeit dort, bis ich hörte, wie jemand meinen Namen rief.

Ich öffne meine Augen und sehe meine Mutter auf mich zukommen. Sie hat einen besorgten Ausdruck im Gesicht. Ich lächle und winke, und sie **entspannt sich**. "Ich habe mich schon gefragt, wo du bist", sagt sie. "Ich freue mich, dass du den Strand genießt." Ich antworte: "Das tue ich." "Es ist so schön hier." "Ich weiß", sagt sie. "Als ich in deinem Alter war, bin ich ständig hierhergekommen." "Wirklich?" frage ich. "Ja",

In spiaggia

Dopo l'alba, le onde sono più forti e la sabbia sopra la marea è bianca. Cammino verso la spiaggia, **ammirando** il mare e il sole. Le mie dita dei piedi sentono i solchi delle conchiglie. La sabbia è fredda sulle dita dei piedi. Sorrido e continuo a camminare. La marea è alta, quindi devo fare attenzione a non farmi trascinare. Cammino lungo la riva, ammirando il mare. L'alba è **bellissima** e le onde si infrangono. Mi sento così in pace. Arrivo a un punto in cui c'è una roccia affiorante. Mi siedo e guardo le onde. L'acqua è così blu e il cielo è così **arancione**. Mi sembra di essere in un sogno. Chiudo gli occhi e ascolto le onde. Rimasi seduto lì per molto tempo, finché non sentii qualcuno che chiamava il mio nome.

Apro gli occhi e vedo mia madre che viene verso di me. Ha un'espressione preoccupata. Le sorrido e la saluto, e lei **si rilassa**. "Mi chiedevo dove fossi andata", dice. "Sono contenta che ti stia godendo la spiaggia". Io rispondo: "Lo sto facendo". "È così bello qui". "Lo so", dice. "Venivo sempre qui quando avevo la tua età". "Davvero?" Chiedo. "Sì", risponde. "È un posto speciale". "Hai mai incontrato qualcuno di speciale qui?". Le chiedo. "Sì", risponde sorridendo. "Tuo padre". "Davvero?" Dico, **sorpreso**. "Sì", dice

antwortet sie. “Es ist ein besonderer Ort.””Hast du hier jemals jemand Besonderen getroffen?” frage ich. “Ja”, antwortet sie mit einem Lächeln. “Deinen Vater.” “Wirklich?” sage ich **erstaunt**. “Ja”, sagt sie. “Wir waren früher immer zusammen hier. Hier haben wir uns verliebt. “Ich lächle und **stelle mir** meine Eltern **vor, wie sie sich** an diesem schönen Strand verlieben. “Es ist ein besonderer Ort”, wiederholt sie. “Ich bin froh, dass du heute hierher gekommen bist.”

Wir sitzen noch eine Weile da und **beobachten** die Wellen und den Sonnenuntergang. Dann stehen wir auf und gehen zurück zu unseren Strandtüchern. Ich lege mich hin und schaue mir die Sterne an. Ich fühle mich so glücklich und zufrieden. Die Wellen sind jetzt lauter, und der Sand ist kalt. Die Sonne geht unter und eine kühle Brise weht. Die Wellen schlagen gegen das Ufer, und der Geruch von Salz liegt in der Luft. Es ist ein perfekter Abend, um am Strand zu sein. Ich spaziere am Ufer entlang, **lausche dem** Rauschen der Wellen und beobachte den Sonnenuntergang. Ich sehe eine Gruppe von Leuten, die lachend und scherzend im Sand sitzen. Sie sehen aus, als hätten sie eine tolle Zeit. Ich gehe zu ihnen hin und frage, ob ich mich zu ihnen setzen darf. Sie sagen ja, und wir verbringen den Rest des Abends damit, uns zu unterhalten, zu lachen und den **Sonnenuntergang** zu beobachten. Es ist ein perfekter Abend. Die Gruppe und ich unterhalten uns, bis die Sonne untergeht.

lei. “Venivamo sempre qui insieme. È qui che ci siamo innamorati. “Sorrido, **immaginando i** miei genitori che si innamorano su questa bellissima spiaggia. “È un posto speciale”, ripete. “Sono felice che siate venuti qui oggi”.

Rimaniamo seduti ancora per un po’ a **guardare** le onde e il tramonto. Poi ci alziamo e torniamo ai nostri teli da mare. Mi sdraio e guardo le stelle. Mi sento così felice e soddisfatta. Le onde ora sono più forti e la sabbia è fredda. Il sole sta tramontando e soffia una brezza fresca. Le onde si infrangono sulla riva e nell’aria si sente l’odore del sale. È una serata perfetta per stare in spiaggia. Cammino lungo la riva, **ascoltando** il suono delle onde e guardando il tramonto. Vedo un gruppo di persone sedute sulla sabbia che ridono e scherzano. Sembra che si stiano divertendo molto. Mi avvicino a loro e chiedo se posso unirmi a loro. Mi rispondono di sì e passiamo il resto della serata a parlare, ridere e guardare il **tramonto**. È una serata perfetta. Io e il gruppo parliamo fino al tramonto.

Fragen zum Verständnis

1. Wohin geht die Erzählerin, nachdem sie aufgewacht ist?

2. Was bewundert die Erzählerin, während sie am Strand entlanggeht?

3. Worauf muss die Erzählerin aufpassen, wenn sie am Strand entlanggeht?

4. Wo setzt sich der Erzähler hin, um die Aussicht zu genießen?

5. Wie lange sitzt der Erzähler dort?

6. Wen sieht die Erzählerin, als sie ihre Augen wieder öffnet?

7. Was sagt die Mutter des Erzählers?

8. Worüber sprechen die Erzählerin und die Menschen, die sie trifft?

Domande di comprensione

1. Dove va la narratrice dopo essersi svegliata?

2. Che cosa ammira la narratrice mentre cammina lungo la spiaggia?

3. A che cosa deve fare attenzione la narratrice mentre cammina lungo la spiaggia?

4. Dove si siede il narratore per godersi il panorama?

5. Per quanto tempo il narratore rimane seduto lì?

6. Chi vede la narratrice quando riapre gli occhi?

7. Cosa dice la madre del narratore?

8. Di che cosa parlano il narratore e le persone che incontra?

Camping am See

Ich gehe auf den See zu und **bewundere** die Ruhe, die hier herrscht. Die Sonne brennt auf den kleinen See und lässt das Wasser wie eine Glasscheibe aussehen. Die einzige Bewegung ist das gelegentliche Plätschern eines Fisches, der die Oberfläche durchbricht. Selbst die Vögel scheinen sich von der Hitze zu erholen, denn nur das Zirpen der Zikaden erfüllt die Luft. **Plötzlich wird** die Ruhe durch ein lautes Plätschern unterbrochen. Ein großer **Fisch ist aus dem** Wasser gesprungen und versucht, eine Libelle zu fangen. Der Fisch verfehlt sein Ziel und fällt mit einem Platschen zurück ins Wasser. “Wow”, denke ich mir, “das war ein großer Fisch!”. Ich schaue mich um, um zu sehen, ob ihn noch jemand gesehen hat, aber es ist niemand da. Ich werde es ihnen wohl erzählen müssen, wenn ich zum Camp zurückkehre.

Die Hitze ist **drückend** und macht das Atmen schwer. Die Luft ist dick und schwer, wie eine Decke, die einen einhüllt. Die einzige Erleichterung bietet das Wasser. Es ist kühl und erfrischend, wie ein kaltes Getränk an einem heißen Tag. Ich atme tief ein und tauche ins Wasser ein. Die Erleichterung tritt sofort ein, als mich das kühle Wasser umgibt. Ich schwimme auf den Grund und dann wieder an die Oberfläche und spüre, wie das

Campeggio al lago

Cammino verso il lago, **ammirando** la tranquillità della scena. Il sole batte sul piccolo lago, facendo sembrare l'acqua una lastra di vetro. L'unico movimento è l'increspatura occasionale di un pesce **che rompe** la superficie. Anche gli uccelli sembrano prendersi una pausa dal caldo, con il solo suono delle cicale che riempie l'aria. **All'improvviso**, la pace è rotta da un forte tonfo. Un grosso **pesce** è saltato fuori dall'acqua, cercando di catturare una libellula. Il pesce manca il bersaglio e ricade in acqua con un tonfo. "Wow", penso tra me e me, "quello era un pesce grosso!". Mi guardai intorno per vedere se qualcun altro l'avesse visto, ma non c'era nessuno. Immagino che dovrò raccontarlo quando tornerò al campo.

Il caldo è **opprimente** e rende difficile respirare. L'aria è densa e pesante, come una coperta che ti avvolge. L'unico sollievo è l'acqua. È fresca e rinfrescante, come una bibita fresca in una giornata calda. Faccio un respiro profondo e mi immergo nell'acqua. Il sollievo è immediato quando l'acqua fresca mi circonda. Nuoto fino al fondo e poi risalgo in superficie, sentendo l'acqua rinfrescare il mio corpo. Continuo a **nuotare** a vasche, godendomi la tregua dal caldo. Dopo un po' esco dall'acqua e mi sdraio sull'erba, lasciando

Wasser meinen Körper kühlt. Ich **schwimme** weiter meine Runden und genieße die Abkühlung von der Hitze. Nach einer Weile steige ich aus dem Wasser und lege mich ins Gras, damit die Sonne meinen Körper trocknen kann. Ich schließe die Augen und schlafe ein. Das **Zirpen der Zikaden** wiegt mich in einen tiefen Schlaf. Ich lasse die Sonne das Wasser aus meiner Haut brennen. Ich spüre, wie meine Haut rot wird, aber es ist mir egal. Mir ist zu heiß, als dass es mir etwas ausmachen würde, und schon geht die Sonne unter. Der Himmel färbt sich orange mit rosa und violetten Reflexen. Die Hitze ist verschwunden und wird durch eine kühle **Brise** ersetzt.

Ich stehe auf und ziehe mich wieder an, fühle mich erfrischt und verjüngt. Ich **atme** tief die kühle Luft ein und lächle. Es ist ein gutes Gefühl, am Leben zu sein. Ich laufe zurück zum Campingplatz und bewundere, wie die Farben am Himmel tanzen. In der Ferne sehe ich das Lagerfeuer brennen und kann den Rauch in der Luft riechen. Ich lächle und **beschleunige** mein Tempo. Ich bin bereit, mich zu entspannen und den Rest des Abends zu genießen. Ich betrete den Lagerplatz und sehe, dass alle um das Feuer versammelt sind. Sie **lachen** und scherzen, und ich kann sehen, wie sich das Feuer in ihren Augen spiegelt. Ich lächle und setze mich neben meine Freunde. Es ist schön, wieder hier zu sein. Am nächsten Morgen wache ich früh auf und beginne, meine Sachen zu packen.

che il sole asciughi il mio corpo. Chiudo gli occhi e mi addormento, mentre il suono delle **cicale** mi culla in un sonno profondo. Lascio che il sole scrosti l'acqua dalla mia pelle. Sento la pelle arrossarsi, ma non mi importa. Sono troppo accaldato per preoccuparmene. Il cielo è di un bellissimo arancione, con striature di rosa e viola. Il caldo è scomparso, sostituito da una fresca **brezza**.

Mi alzo e mi rivesto, sentendomi rinfrescata e ringiovanita. **Respiro** profondamente l'aria fresca e sorrido. È bello essere vivi. Torno al campeggio, ammirando il modo in cui i colori danzano nel cielo. Vedo il fuoco che arde in lontananza e sento l'odore del fumo nell'aria. Sorrido e **accelero il** passo. Sono pronto a rilassarmi e a godermi il resto della serata. Entro nel campeggio e vedo che tutti sono riuniti intorno al fuoco. **Ridono** e scherzano e posso vedere il fuoco riflesso nei loro occhi. Sorrido e mi siedo accanto ai miei amici. È bello essere tornati. La mattina dopo mi sveglio presto e comincio a raccogliere le mie cose.

Fragen zum Verständnis

1. Wohin geht der Wanderer?

2. Was für ein Wetter ist es?

3. Wie sieht das Wasser aus?

4. Wie reagiert der Wanderer auf die Hitze?

5. Was macht der Fisch?

6. Warum ist der Wanderer allein?

7. Wie fühlt sich das Wasser an?

8. Wie fühlt sich der Wanderer nach dem Schwimmen?

9. Zu welcher Tageszeit wacht der Wanderer auf?

10. Wohin geht der Wanderer, wenn er das Lager verlässt?

Domande di comprensione

1. Dove sta andando il camminatore?

2. Che tempo fa?

3. Che aspetto ha l’acqua?

4. Come reagisce il deambulatore al calore?

5. Cosa sta facendo il pesce?

6. Perché il camminatore è solo?

7. Come si sente l’acqua?

8. Come si sente il camminatore dopo il nuoto?

9. A che ora del giorno si sveglia il deambulatore?

10. Dove va l’ambulante quando lascia il campo?

Das Haus

Letzte Woche bin ich in mein neues Haus eingezogen, und ich bin so **aufgeregt**! Es ist viel größer als mein altes, und es hat einen großen Garten. Ich kann es kaum erwarten, Freunde zum Grillen und für Partys einzuladen. Mein Lieblingsteil ist mein neues Schlafzimmer. Es ist so groß und hell, und ich habe jede Menge Platz, um all meine Sachen unterzubringen. Ich bin wirklich glücklich mit meinem neuen Haus und denke, dass ich hier sehr glücklich sein werde. Ich beschloss, das Haus noch ein bisschen zu erkunden. Ich ging nach oben in den zweiten Stock und machte mich auf den Weg in die Küche, als ich eine große schwarze Spinne an der Wand sah! Ich schrie auf und rannte die Treppe hinunter. Ich war so **erschrocken**! Aber nach ein paar Minuten beruhigte ich mich und beschloss, wieder nach oben zu gehen. Langsam machte ich mich auf den Weg in die Küche und sah, dass die Spinne weg war. Ich war so erleichtert! Ich ging wieder nach unten und beschloss, nach draußen zu gehen, um den **Garten zu** erkunden. Sie war so groß! Ich konnte es nicht glauben. Ich sah eine Schaukel in der Ecke und eine Rutsche. Ich sah auch ein Basketballnetz und ein **Trampolin**. Ich war so aufgeregt!

La casa

La settimana scorsa mi sono trasferita nella mia nuova casa e sono così **entusiasta**! È molto più grande di quella vecchia e ha un grande cortile. Non vedo l'ora di invitare gli amici per grigliate e feste. La mia parte **preferita** è la mia nuova camera da letto. È così grande e luminosa e ho molto spazio per mettere tutte le mie cose. Sono molto contenta della mia nuova casa e penso che sarò molto felice qui. Ho deciso di esplorare ancora un po' la casa. Sono salita al secondo piano e ho iniziato a dirigermi verso la cucina quando ho visto un grosso ragno nero sul muro! Ho urlato e sono corsa di sotto. Ero così **spaventata**! Ma dopo qualche minuto mi sono calmata e ho deciso di tornare di sopra. Mi sono avvicinata lentamente alla cucina e ho visto che il ragno non c'era più. Ero così sollevata! Tornai al piano di sotto e decisi di uscire per esplorare il **giardino**. Era così grande! Non potevo crederci. Vidi un'altalena in un angolo e uno scivolo. Vidi anche una rete da basket e un **trampolino**. Ero così eccitato!

Non vedo l'ora di usare tutto questo nuovo materiale. I **vicini sono** venuti e si sono presentati. Sembravano molto gentili e abbiamo parlato per un po'. Mi hanno invitato al loro barbecue il prossimo fine settimana e ho detto che mi sarebbe piaciuto venire. La prima

Ich kann es kaum erwarten, all diese neuen Sachen zu benutzen. Die **Nachbarn** kamen vorbei und stellten sich vor. Sie schienen wirklich nett zu sein, und wir unterhielten uns eine Weile. Sie luden mich zu ihrem Grillfest am nächsten Wochenende ein, und ich sagte, dass ich gerne kommen würde. Ich hatte eine tolle erste Woche in meinem neuen Haus und freue mich auf all die neuen Abenteuer, die vor mir liegen. Heute werde ich wieder im Garten auf Entdeckungstour gehen und sehen, was ich noch alles finden kann. Wer weiß, vielleicht finde ich ja sogar einen **Schatz**. Ich kann es kaum erwarten, zu sehen, was die nächste Woche bringt! In der nächsten Woche bin ich wieder im Garten auf Entdeckungsreise gegangen und habe einen **geheimen** Garten gefunden. Er war so schön! Überall waren Blumen und ein kleiner Teich mit Fischen drin. Ich habe auch eine Schaukel gesehen, die ich vorher noch nie gesehen hatte. Ich war so aufgeregt, diesen geheimen Garten zu finden, und ich kann es kaum erwarten, ihn weiter zu erkunden. Er war so **schön**!

Überall gab es Blumen und einen kleinen Teich mit Fischen darin. Ich habe auch eine **Schaukel** gesehen, die ich vorher noch nie gesehen hatte. Ich war so aufgeregt, diesen geheimen Garten zu finden, und ich kann es kaum erwarten, ihn weiter zu erkunden. Mein neues Zimmer hat mir auch gut gefallen. Es war so groß und hell, und an den Wänden hingen bereits Poster von meinen Lieblingsbands.

settimana nella mia nuova casa è stata fantastica e sono entusiasta di tutte le nuove avventure che mi aspettano. Oggi andrò di nuovo a esplorare il cortile per vedere cos'altro riesco a trovare. Chissà, forse troverò anche un **tesoro**. Non vedo l'ora di vedere cosa mi porterà la prossima settimana! La settimana successiva sono andata di nuovo in esplorazione nel cortile e ho trovato un giardino **segreto**. Era così bello! C'erano fiori dappertutto e un laghetto con i pesci. Ho visto anche un'altalena che non avevo mai visto prima. Ero così entusiasta di aver trovato questo giardino segreto e non vedo l'ora di esplorarlo ancora. Era così **bello**!

C'erano fiori dappertutto e un laghetto con dei pesci. Ho anche visto un'**altalena** che non avevo mai visto prima. Ero così entusiasta di aver trovato questo giardino segreto e non vedo l'ora di esplorarlo meglio. Mi è piaciuta molto anche la mia nuova stanza. Era così grande e luminosa e sulle pareti c'erano già i poster delle mie band preferite.

Fragen zum Verständnis

1. Wo wohnt die Person?

2. Wie gefällt es der Person im neuen Haus?

3. Was gefällt der Person am besten an ihrem neuen Haus?

4. Was hat die Person im Garten gefunden?

5. Wer sind die Nachbarn?

6. Wie hat sich die Person in den ersten Tagen in der neuen Wohnung gefühlt?

7. Was gefällt der Person am besten an ihrem neuen Zimmer?

8. Was plant die Person morgen zu tun?

9. Was war das Beste an der ersten Woche im neuen Haus?

Domande di comprensione

1. Dove vive la persona?

2. Come si trova la persona nella nuova casa?

3. Qual è la parte preferita della nuova casa?

4. Che cosa ha trovato la persona nel giardino?

5. Chi sono i vicini?

6. Come sono stati i primi giorni nella nuova casa?

7. Qual è la parte preferita della nuova stanza?

8. Che cosa ha intenzione di fare domani?

9. Qual è stata la parte migliore della prima settimana nella nuova casa?

Im Zug

Ich rannte zum Bahnhof, aber ich war zu spät. Der Zug war bereits ohne mich abgefahren. Ich war so **wütend** und **enttäuscht** von mir selbst. Ich hatte geplant, mit dem Zug meine Großeltern zu besuchen, die auf dem Land leben, aber jetzt würde ich eine ganze Stunde auf den nächsten Zug warten müssen. Ich beschloss, stattdessen eine Weile durch die Stadt zu laufen und versuchte, die verpasste Gelegenheit zu vergessen. Beim Spazierengehen begann ich von all den Orten zu **träumen, an die man mit dem Zug** gelangen kann. Plötzlich war ich nicht mehr so verärgert. Ich gehe zurück in den Bahnhof und kann nicht umhin, die große rot-weiß-blaue Lokomotive zu bemerken, die auf mich zu tuckert. Erst als ich den **Schaffner** sehe, der mir aus dem Fenster zuwinkt, wird mir klar, dass dieser Zug für mich bestimmt ist. Ich steige ein, suche mir einen Platz und mache mich auf eine lange Reise gefasst.

Als wir aus dem Bahnhof fahren, frage ich mich, wohin dieser Zug mich wohl bringen wird. Durch grüne **Felder** und über blaue Flüsse, vorbei an Bergen und Tälern - man weiß nie, wohin dieser alte Zug fahren wird. Als die Nacht hereinbricht, falle ich in einen **friedlichen** Schlaf, der durch die **rhythmische** Bewegung der Waggons auf den Gleisen unter mir eingelullt wird. Als

Sul treno

Corsi alla stazione ferroviaria, ma ero troppo in ritardo. Il treno era già partito senza di me. Mi sentivo così **arrabbiata** e **delusa** con me stessa. Avevo intenzione di prendere il treno per andare a trovare i miei nonni che vivono in campagna, ma ora avrei dovuto aspettare un'ora intera per il treno successivo. Decisi invece di passeggiare un po' per la città, cercando di dimenticare l'occasione persa. Mentre camminavo, ho iniziato a **sognare a occhi aperti** tutti i luoghi in cui il **treno** può portarti. Improvvisamente, non ero più così arrabbiata. Rientro in stazione e non posso fare a meno di notare la grande locomotiva rossa, bianca e blu che si dirige verso di me. Solo quando vedo il **capotreno che** mi saluta dal finestrino capisco che quel treno è per me. Salgo sul treno e trovo il mio posto, sistemandomi per quello che si preannuncia un lungo viaggio.

Mentre usciamo dalla stazione, non posso fare a meno di chiedermi dove mi porterà questo treno. Attraverso **campi** verdi e fiumi blu, passando per montagne e valli, non si sa dove andrà questo vecchio treno. Quando inizia a calare la notte, mi addormento in un sonno **tranquillo**, cullato dal movimento **ritmico** dei vagoni sui binari sottostanti. Quando arriva il mattino, apro gli occhi e scopro che siamo arrivati in una piccola città

ich am nächsten Morgen die Augen öffne, sehe ich, dass wir in einer kleinen Stadt irgendwo im Nirgendwo angekommen sind. Die Sonne lugt gerade über den Horizont, als die Einheimischen beginnen, sich auf der Hauptstraße zu bewegen. Es sieht aus wie jeder andere Tag hier, bis auf eine Ausnahme: In der Nähe des Rathauses hängt ein großes Schild mit der Aufschrift "Willkommen an Bord! Es scheint, als hätte diese kleine Stadt uns erwartet, obwohl wir nur ein gewöhnlicher Personenzug sind, der auf dem Weg zu einem anderen Ziel durchfährt. Als wir die Stadt wieder hinter uns lassen und in Richtung wer weiß wohin tuckern, lächle ich über all die freundlichen Gesichter, die uns aus den kleinen Häusern zwischen den **Feldern** zuwinken **- es ist** wirklich erstaunlich, wie etwas so scheinbar Alltägliches so viel Freude bereiten kann, wenn man einfach durchfährt. Und dann sind da natürlich noch die **Kinder**.

Ich lehne mich aus dem Fenster meiner Lokomotive. Mit ihren leuchtenden Augen und ihrem breiten Grinsen machen sie mich immer so glücklich. Ich winke ihnen energisch zu, bevor ich in mein **Abteil** zurückkehre und mich setze. Es war schon ein langer Tag, aber er ist noch nicht zu Ende; es sind noch ein paar Stunden, bis wir unser endgültiges **Ziel** erreichen. Ich ziehe mein Buch heraus und beginne zu lesen, während mich das rhythmische Schaukeln des Zuges in einen friedlichen Zustand versetzt.

nel bel mezzo del nulla. Il sole fa appena capolino all'orizzonte, mentre la gente del posto inizia a girare per la Main Street; sembra un giorno come un altro, tranne che per una cosa: c'è un grande cartello affisso vicino al municipio che recita "Benvenuti a bordo!". Sembra che questa piccola città ci stesse aspettando, anche se siamo solo un normale treno **passeggeri** di passaggio sulla nostra strada. Mentre ci lasciamo ancora una volta la città alle spalle, andando verso chissà dove, sorrido a tutte le facce amichevoli che ci salutano da quelle casette incastonate tra i **campi coltivati:** è davvero incredibile come qualcosa di così apparentemente ordinario possa portare tanta gioia semplicemente passando di lì. E poi, naturalmente, ci sono i **bambini**.

Mi affaccio al finestrino della mia locomotiva. Mi fanno sempre sentire così felice con i loro occhi lucidi e i loro grandi sorrisi. Li saluto energicamente prima di tornare nella mia **cabina** e sedermi. È stata già una lunga giornata, ma non è ancora finita; mancano ancora alcune ore per raggiungere la nostra **destinazione** finale. Tiro fuori il mio libro e inizio a leggere, lasciando che il dondolio ritmico del treno mi culli in uno stato di pace.

Fragen zum Verständnis

1. Wohin fährt der Zug?

2. Wer reist mit dem Zug?

3. Wann fährt der Zug ab?

4. Wie kommt der Protagonist in den Zug?

5. Woher kommt der Zug?

6. Wohin fährt der Zug als nächstes?

7. Wann sind die Passagiere angekommen?

8. Wie fühlt sich der Protagonist, als er den Zug verpasst?

9. Wie reagiert der Zugführer, als er den Protagonisten sieht?

10. Warum mag der Protagonist Züge?

Domande di comprensione

1. Dove va il treno?

2. Chi viaggia sul treno?

3. Quando parte il treno?

4. Come fa il protagonista a salire sul treno?

5. Da dove viene il treno?

6. Dove è diretto il treno?

7. Quando sono arrivati i passeggeri?

8. Come si sente il protagonista quando perde il treno?

9. Come reagisce il macchinista quando vede il protagonista?

10. Perché al protagonista piacciono i treni?

Abendessen kochen

Es ist jetzt 17 Uhr und ich gehe von der Arbeit nach Hause. Ich freue **mich** auf einen ruhigen Abend zu Hause mit meinem Partner. Wir werden gemeinsam kochen und uns dann den Rest des Abends entspannen. Es ist ein gutes Gefühl, zu wissen, dass ich heute **Abend** keine Pläne oder Verpflichtungen habe. Als ich zu Hause ankomme, steht mein Partner bereits in der Küche und beginnt mit der Zubereitung unseres Abendessens. Es riecht **fantastisch** hier drin! Während wir kochen, plaudern wir über den Tag des anderen und erzählen uns kleine Geschichten aus unserem Arbeitsleben. Die Küche ist mein Lieblingsraum in unserer Wohnung. Ich liebe es zu kochen, und ganz besonders liebe ich es, mit meinem Partner zu kochen. Wir haben immer so viel Spaß hier drin, lachen und scherzen, während wir kochen. Außerdem ist das Essen immer **unglaublich**, wenn wir **zusammen** arbeiten.

Heute Abend machen wir eines meiner absoluten Lieblingsrezepte: **Hähnchen** Parmesan. Mein Partner beginnt mit dem Panieren des Hähnchens, während ich die Soße auf dem **Herd** zum Kochen bringe. Wir arbeiten zusammen wie eine gut geölte Maschine, und schon bald ist das Abendessen servierfertig. Wir

Cucinare la cena

Sono le 17.00 e sto tornando a casa dal lavoro. Non vedo l'**ora** di passare una serata tranquilla a casa con il mio compagno. Cucineremo insieme la cena e poi ci rilasseremo per il resto della serata. È bello sapere che questa **sera non ho** programmi o obblighi. Arrivo a casa e il mio partner è già in cucina a preparare la cena. C'è un profumo **fantastico** qui dentro! Chiacchieriamo mentre cuciniamo, raccontandoci le nostre giornate e condividendo piccole storie della nostra vita lavorativa. La cucina è la mia stanza preferita del nostro appartamento. Adoro cucinare e soprattutto adoro farlo con il mio compagno. Ci divertiamo sempre molto qui dentro, ridendo e scherzando mentre cuciniamo. Inoltre, il cibo è sempre **incredibile** quando lavoriamo **insieme**.

Stasera prepariamo una delle mie ricette preferite di sempre: il **pollo** alla parmigiana. Il mio collega inizia a impanare il pollo, mentre io faccio cuocere la salsa sul **fuoco**. Lavoriamo insieme come una macchina ben oliata e in poco tempo la cena è pronta da servire. Ci sediamo al tavolo della nostra cucina con i **piatti** colmi di pollo alla parmigiana, pasta e insalata. Facciamo tintinnare i bicchieri e assaggiamo il primo boccone... ed è **paradisiaco**! Il pollo è croccante all'esterno ma succoso all'interno; il sugo è saporito e

setzen uns an unseren kleinen Küchentisch mit **Tellern voller** Hähnchen Parmesan, Nudeln und Salat. Wir stoßen mit den Gläsern an und nehmen unseren ersten Bissen - und der ist **himmlisch**! Das Hähnchen ist außen knusprig, aber innen saftig; die Soße ist würzig und perfekt; die Nudeln sind al dente gekocht... alles schmeckt heute Abend absolut perfekt. Wir wissen beide, dass dies einer dieser Abende war, an denen alles perfekt zusammenpasst, und wir **genießen** jeden einzelnen Bissen unseres köstlichen Essens. Es hat sogar noch besser geschmeckt, als es gerochen hat - und das war verdammt gut! Wir sind relativ schnell fertig mit dem Essen, da keiner von uns heute besonders hungrig ist, aber wir lassen uns Zeit und genießen noch ein paar **Gläser** Wein, während wir uns über dieses und jenes Thema unterhalten. Nach dem Essen räumen wir schnell zusammen auf und gehen dann ins Wohnzimmer, wo wir noch eine Weile auf der Couch **kuscheln** und fernsehen.

Es ist so schön, sich nach einem langen **Arbeitstag** einfach nur nahe zu sein. Ich fühle mich zufrieden. Auch wenn wir keinen ereignisreichen Abend hatten, war es schön, einfach etwas Zeit miteinander zu verbringen, ohne das Haus verlassen zu müssen. Wir haben uns einen Film angesehen und sind früh ins Bett gegangen, weil wir mit unserem einfachen Abend **zufrieden waren**.

perfetto; la pasta è cotta al dente... tutto ha un sapore assolutamente perfetto stasera. Sappiamo entrambi che questa è stata una di quelle sere in cui tutto si è unito alla perfezione, mentre **assaporiamo** fino all'ultimo boccone il nostro delizioso pasto. Il sapore era persino migliore del profumo, che era dannatamente buono! Finiamo il pasto relativamente in fretta, visto che oggi nessuno dei due ha particolarmente fame, ma ci prendiamo tutto il tempo necessario per goderci qualche altro **bicchiere di** vino chiacchierando con leggerezza di questo e quell'argomento. Dopo cena, puliamo velocemente insieme e poi ci spostiamo in salotto, dove passiamo un po' di tempo **a coccolarci** sul divano guardando la TV.

È così bello stare vicini dopo una lunga giornata di **lavoro**. Mi sento soddisfatta. Anche se non abbiamo avuto una serata movimentata, è stato bello passare un po' di tempo insieme senza dover uscire di casa. Abbiamo guardato un film e siamo andati a letto presto, sentendoci **soddisfatti** della nostra semplice serata.

Fragen zum Verständnis

1. Woher kommt der Erzähler?

2. Was macht der Erzähler nach der Arbeit?

3. Was isst der Erzähler zum Abendessen?

4. Warum mag der Erzähler die Küche?

5. Was für ein Gericht kocht das Paar?

6. Wie fühlt sich der Erzähler am Ende des Abends?

7. Was ist die Lieblingsbeschäftigung des Paares?

8. Was tun die beiden, wenn sie müde werden?

9. Wo schlafen sie?

10. Warum bleibt der Erzähler gerne zu Hause?

Domande di comprensione

1. Da dove viene il narratore?

2. Cosa fa il narratore dopo il lavoro?

3. Cosa mangia il narratore per cena?

4. Perché al narratore piace la cucina?

5. Che tipo di piatto cucina la coppia?

6. Come si sente il narratore alla fine della serata?

7. Qual è la cosa che la coppia preferisce fare?

8. Cosa fa la coppia quando è stanca?

9. Dove dormono?

10. Perché al narratore piace stare a casa?

Nach Hause gehen

Es war eine **friedliche** Nacht, als ich von der Arbeit nach Hause ging. Als ich ging, konnte ich nicht anders, als über die Erinnerungen zu lächeln. Es fühlte sich gut an, wieder in meiner alten Nachbarschaft zu sein. Ich winkte ein paar Leuten zu, die ich kannte, und sie winkten zurück. Es war schön, wieder zu Hause zu sein. Ich ging an meiner alten Schule vorbei und **erinnerte mich an** all die guten Zeiten, die ich mit meinen Freunden hatte. Wir gingen immer zusammen nach Hause und sprachen über unseren Tag. **Manchmal hielten** wir an, um ein Eis zu essen oder in den Park zu gehen. Das waren die besten Zeiten. Ich vermisse diese Zeiten. Aber jetzt habe ich meine eigene Familie und bin glücklich mit meinem Leben. Ich bin froh, dass ich auf diese Erinnerungen zurückblicken und lächeln kann. Sie sind ein Teil meines Lebens, den ich immer in Ehren halten werde. Das waren die besten Zeiten. Ich vermisse diese Zeiten. Aber jetzt habe ich meine eigene Familie und bin glücklich mit meinem Leben. Ich bin froh, dass ich auf diese **Erinnerungen** zurückblicken und lächeln kann. Sie sind ein Teil meines Lebens, den ich immer in Ehren halten werde.

Ich gehe weiter und denke an die schöne Zeit, die ich

Camminare verso casa

Era una notte **tranquilla** mentre tornavo a casa dal lavoro. Mentre camminavo, non potevo fare a meno di sorridere ai ricordi. Era bello tornare nel mio vecchio quartiere. Salutai alcune persone che conoscevo e loro ricambiarono il saluto. Era bello essere a casa. Passai davanti alla mia vecchia scuola e **ricordai** tutti i bei momenti passati con i miei amici. Tornavamo sempre a casa insieme e parlavamo della nostra giornata. **A volte ci** fermavamo a prendere un gelato o andavamo al parco. Erano i momenti migliori. Mi mancano quei momenti. Ma ora ho la mia famiglia e sono felice della mia vita. Sono felice di poter guardare indietro a quei ricordi e sorridere. Sono una parte della mia vita che conserverò per sempre. Erano i tempi migliori. Mi mancano quei tempi. Ma ora ho la mia famiglia e sono felice della mia vita. Sono felice di poter guardare indietro a quei **ricordi** e sorridere. Sono una parte della mia vita che conserverò per sempre.

Continuo a camminare, pensando ai bei momenti passati con i miei amici. So che li rivedrò presto. Mi dirigo verso casa e decido di passeggiare in un parco lì vicino. Il sole sta tramontando e il cielo sta diventando di un **bel** colore arancione. Il parco è vuoto, a parte

mit meinen Freunden hatte. Ich weiß, dass ich sie bald wiedersehen werde. Ich mache mich auf den Weg nach Hause und beschließe, durch einen nahe gelegenen Park zu gehen. Die Sonne geht gerade unter und der Himmel färbt sich in ein **schönes** Orange. Der Park ist leer, bis auf ein paar Vögel, die in den Bäumen zwitschern. Ich **atme** tief ein und lächle. Als ich durch den Park gehe, sehe ich eine Sternschnuppe über den Himmel huschen. Ich wünsche mir etwas von dieser Sternschnuppe und laufe weiter. Ich denke an meinen Arbeitstag und daran, wie **friedlich** er war. Ich lächle vor mich hin und denke daran, wie viel Glück ich habe, einen so tollen Job zu haben. Ich gehe nach Hause und **spüre** die kühle Nachtluft auf meiner Haut. Ich fühle mich so lebendig und glücklich, weil ich es einfach genieße, in einer friedlichen Nacht nach Hause zu gehen. Ich fühlte mich so gut, dass ich anfing zu **pfeifen**. Ich ging an ein paar Leuten auf der Straße vorbei, aber sie kümmerten sich alle um ihre eigenen Angelegenheiten.

Ich bog um die Ecke in meine Straße und sah den Kater meines Nachbarn, Mr. Whiskers, auf meiner Veranda sitzen. Ich grüßte ihn, und er miaute zurück. Ich **schloss** meine Tür auf und ging hinein. Ich war so froh, zu Hause zu sein. Ich zog meine Schuhe aus und machte mich bettfertig. Ich ging an diesem Abend mit einem Gefühl der Freude und Dankbarkeit ins Bett, mein Herz war voller Liebe.

qualche uccello che cinguetta tra gli alberi. Faccio un **respiro** profondo e sorrido. Mentre cammino nel parco, vedo una stella cadente che attraversa il cielo. Esprimo un desiderio su quella stella e continuo a camminare. Penso alla mia giornata di lavoro e a quanto sia stata **tranquilla**. Sorrido tra me e me, pensando a quanto sono fortunata ad avere un lavoro così bello. Cammino verso casa, **sentendo** l'aria fresca della notte sulla mia pelle. Mi sento così viva e felice, godendomi il semplice atto di tornare a casa in una notte tranquilla. Mi sentivo così bene che iniziai a **fischiettare**. Passai accanto ad alcune persone per strada, ma tutte si facevano gli affari loro.

Svoltato l'angolo della mia strada, vidi il gatto del mio vicino, Mr. Whiskers, seduto sul mio portico. Lo salutai e lui ricambiò il miagolio. **Aprii la** porta ed entrai. Ero così felice di essere a casa. Mi tolsi le scarpe e mi preparai per andare a letto. Quella sera andai a letto felice e grata, con il cuore pieno d'amore.

Fragen zum Verständnis

1. Was machte der Protagonist, als die Geschichte begann?

2. Woran hat der Protagonist auf dem Heimweg gedacht?

3. Was hat der Protagonist nach der Schule mit seinen Freunden gemacht?

4. Was vermisst der Protagonist aus dieser Zeit?

5. Was denkt der Protagonist über sein gegenwärtiges Leben?

6. Was tut der Protagonist, wenn er eine Sternschnuppe sieht?

7. Wie fühlt sich der Protagonist, wenn er nach Hause geht?

8. Was macht der Protagonist, wenn er nach Hause kommt?

9. Wie fühlt sich der Protagonist, wenn er am nächsten Morgen aufwacht?

Domande di comprensione

1. Cosa stava facendo il protagonista quando è iniziata la storia?

2. A cosa pensava il protagonista mentre tornava a casa?

3. Cosa faceva il protagonista con gli amici dopo la scuola?

4. Cosa manca al protagonista di quei tempi?

5. Cosa pensa il protagonista della sua vita attuale?

6. Cosa fa il protagonista quando vede una stella cadente?

7. Come si sente il protagonista quando torna a casa?

8. Cosa fa il protagonista quando torna a casa?

9. Come si sente il protagonista quando si sveglia la mattina dopo?

Das Schloss

Die Familie wollte schon immer ein altes Schloss in **Deutschland** besichtigen, und schließlich machten sie sich auf den Weg. Sie wurden nicht **enttäuscht**. Das Schloss war wunderschön, und sie genossen es, die vielen Räume und Gänge zu erkunden. Das erste, was ihnen auffiel, war der Geruch. Sie fanden **Schimmel**, Feuchtigkeit und etwas anderes, das sie nicht genau zuordnen konnten. Das zweite war der Klang. Steinmauern sind zwar dick, aber sie dämpfen den Schall nicht vollständig. Sie hörten jeden Schritt, jedes Wort, das mit normaler Stimme gesprochen wurde, und das gelegentliche Tröpfeln von Wasser **irgendwo** in der Ferne. Als sich ihre Augen an das schwache Licht gewöhnt hatten, sahen sie um sich herum massive Steinwände, an denen Wandteppiche in **Fetzen** hingen. Sie befanden sich in einer riesigen Halle mit einer hohen Decke, die von geschnitzten Säulen getragen wurde. Auch die Aussicht von den Türmen gefiel ihnen, und die Kinder hatten viel Spaß beim Herumtollen auf dem Gelände. Als sie mit der Erkundung des Schlosses fertig waren, ging die **Sonne** bereits unter, und sie bedauerten, dass sie keine **Taschenlampe** mitgenommen hatten. Sie beschlossen, sich auf den Rückweg zum Eingang zu machen, aber sie hatten sich bald verlaufen. Sie irrten gefühlte Stunden umher,

Il castello

La famiglia aveva sempre desiderato visitare un antico castello in **Germania** e finalmente ha intrapreso il viaggio. Non sono rimasti **delusi**. Il castello era bellissimo e si sono divertiti a esplorare le sue stanze e i suoi corridoi. La prima cosa che li colpì fu l'odore. Trovarono **muffa**, umidità e qualcos'altro che non riuscirono a definire con precisione. La seconda cosa è stata il suono. I muri di pietra sono spessi, ma non attutiscono completamente il suono. Sentirono ogni passo, ogni parola pronunciata con voce normale e l'occasionale gocciolio dell'acqua **da qualche parte** in lontananza. Quando i loro occhi si adattarono alla luce fioca, videro le massicce mura di pietra che incombevano intorno a loro, con gli arazzi appesi a **brandelli**. Si trovavano in un'enorme sala con un alto soffitto sostenuto da pilastri scolpiti. Anche a loro piaceva molto la vista che si godeva dalle torrette e i bambini si divertivano un mondo a correre per il parco. Quando finirono di esplorare il castello, il **sole** era già tramontato e si pentirono di non aver portato una **torcia**. Decisero di tornare all'ingresso, ma si persero subito. Vagarono per ore e ore, finché alla fine trovarono una porta che conduceva all'esterno. Proseguirono fino **alla** fine del corridoio e si trovarono davanti a un'imponente serie di doppie porte. Per

bis sie schließlich auf eine Tür stießen, die nach draußen führte. Sie gingen weiter, bis sie das Ende des Flurs **erreichten** und vor einer imposanten Doppeltür standen. So sehr sie sich auch bemühten, die Türen rührten sich nicht. Sie klapperten **bedrohlich**, aber sie bewegten sich keinen Zentimeter. Es sah so aus, als ob derjenige, der vorher hier war, hier durchgegangen sein musste und sie von innen verriegelt hatte. Schließlich fanden sie einen Weg nach draußen. Erleichterung überkam sie, als sie in die kühle Nachtluft hinaustraten.

Die Sonne begann unterzugehen, und sie **bedauerten,** dass sie keine Taschenlampe mitgenommen hatten. Sie beschlossen, sich auf den Weg zurück zum Eingang zu machen, aber sie hatten sich bald verlaufen. Sie irrten gefühlte Stunden umher, bis sie schließlich auf eine Tür stießen, die **nach draußen** führte. Erleichterung machte sich in ihnen breit, als sie in die kühle Nachtluft hinaustraten. Am nächsten Abend nahmen sie auf jeden Fall eine Taschenlampe mit, um den Rest des Schlosses zu erkunden. Sie gingen durch den **Innenhof** und hinunter zum Fluss, der hinter den Schlossmauern verlief. Als sie umhergingen, hörten sie seltsame Geräusche. Es klang, als würde sie jemand verfolgen. Sie beschleunigten ihren Schritt, aber die Geräusche wurden lauter und kamen näher. Die Familie rannte so schnell sie konnte zum Schloss zurück und war erleichtert, dass die Gestalt in dem **dunklen** Mantel ihnen nicht gefolgt war.

quanto potessero, le porte non si muovevano. Scricchiolano **minacciosamente**, ma non si muovono di un millimetro. Sembrava che chiunque fosse stato qui prima dovesse essere passato di qui e averle chiuse dall'interno. Alla fine trovano una via d'uscita. Il sollievo li invade mentre escono nell'aria fresca della notte.

Il sole aveva iniziato a tramontare e si **pentirono di non aver** portato una torcia elettrica. Decisero di tornare all'ingresso, ma presto si persero. Vagarono per ore e ore, finché alla fine trovarono una porta che conduceva all'**esterno**. Il sollievo li colse quando uscirono nell'aria fresca della notte. La sera successiva si assicurarono di portare con sé una torcia per esplorare il resto del castello. Attraversarono il **cortile** e scesero fino al fiume che scorreva dietro le mura del **castello**. Mentre camminavano, cominciarono a sentire strani rumori. Sembrava che qualcuno li stesse seguendo. Accelerarono il passo, ma i rumori diventavano sempre più forti e vicini. La famiglia tornò al castello il più velocemente possibile e si accorse con sollievo che la figura con il mantello **scuro** non li aveva seguiti.

Fragen zum Verständnis

1. Was hat die Familie getan, als sie sich im Schloss verlaufen hat?

2. Wie hat sich die Familie gefühlt, als sie erfuhr, dass es sich nur um einen Einheimischen handelte?

3. Was hat der Mann getan, dass man ihn verhaftet hat?

4. Wie lautete das Urteil für den Mann?

5. Welches Geräusch hat die Familie gehört, während sie spazieren ging?

6. Wo war die Gestalt in dem dunklen Mantel, als die Familie sie sah?

7. Was hat die Familie getan, als sie in ihr Zimmer zurückkam?

8. Wann hat die Familie das Schloss wieder erkundet?

Domande di comprensione

1. Cosa fece la famiglia quando si perse nel castello?

2. Come si è sentita la famiglia quando ha scoperto che si trattava solo di un uomo del posto?

3. Che cosa ha fatto l'uomo che lo ha fatto arrestare?

4. Qual è stata la sentenza per l'uomo?

5. Quale rumore ha sentito la famiglia mentre camminava?

6. Dov'era la figura con il mantello scuro quando la famiglia lo vide?

7. Che cosa ha fatto la famiglia quando è tornata nella sua stanza?

8. Quando la famiglia è tornata a esplorare il castello?

Mein Garten

Mein Garten ist mein Lieblingsplatz. Ich gehe jeden Tag hinaus, egal ob es regnet oder scheint, und verbringe Zeit damit, meine Pflanzen zu pflegen. Ich habe von **allem ein** bisschen **- Gemüse**, Obst, Blumen, Kräuter. Ich habe sogar ein paar Hühner, die mir helfen, die Schädlinge in Schach zu halten. Ich beginne meine Tage im Garten, indem ich den Hühnern Eier abhole. Dann schaue ich nach meinem Gemüse und stelle sicher, dass es genug Wasser und Sonne bekommt. Ich jäte Unkraut auf den Beeten und entferne Ungeziefer, das die Pflanzen **angreifen** könnte. Wenn **alles erledigt** ist, lehne ich mich zurück und genieße den Frieden und die Ruhe der Natur.

Ich habe schon immer gerne Zeit in meinem Garten verbracht. Es hat etwas, von der Natur und all der **Schönheit**, die sie zu bieten hat, umgeben zu sein. Ich empfinde ihn als einen sehr friedlichen und beruhigenden Ort. Ich verbringe oft Zeit in meinem Garten, um mich zu entspannen und die Landschaft zu genießen. Ich arbeite auch gerne in meinem Garten und baue Dinge an. Ich habe einen ziemlich großen Garten, in dem ich gerne **verschiedene** Dinge anbaue. Ich baue Blumen, **Gemüse** und Kräuter an. Ich habe auch ein paar Obstbäume, die leckere Äpfel, Birnen

Il mio giardino

Il mio giardino è il mio luogo felice. Esco ogni giorno, con la pioggia o con il sole, e passo il tempo a curare le mie piante. Ho un po' di **tutto: verdure**, frutta, fiori, erbe aromatiche. Ho anche alcune galline che mi aiutano a tenere lontani i parassiti. Inizio le mie giornate in giardino raccogliendo le uova dalle galline. Poi controllo le verdure, assicurandomi che ricevano acqua e sole a sufficienza. Diserbo le aiuole e rimuovo gli insetti che potrebbero **attaccare** le piante. Una volta sistemato **tutto**, mi siedo e mi godo la pace e la tranquillità della natura.

Ho sempre amato trascorrere del tempo nel mio giardino. C'è qualcosa nell'essere circondati dalla natura e da tutta la **bellezza che** ha da offrire. Trovo che sia un luogo molto tranquillo e rilassante. Spesso trascorro il tempo nel mio giardino rilassandomi e godendomi il paesaggio. Mi piace anche lavorare nel mio giardino e coltivare. Ho un giardino di buone dimensioni e mi piace coltivare **diverse** cose. Coltivo fiori, **verdure** ed erbe aromatiche. Ho anche alcuni alberi da frutto che producono mele, pere e prugne deliziose. Oltre a coltivare, mi piace anche passare il tempo passeggiando nel mio giardino, **ammirando** tutte le piante e gli animali che lo abitano. Negli anni

und Pflaumen hervorbringen. Ich baue nicht nur Dinge an, sondern verbringe auch gerne Zeit damit, durch meinen Garten zu spazieren und all die verschiedenen Pflanzen und Tiere zu **bewundern**, die dort zu Hause sind. Im Laufe der Jahre habe ich viele Stunden damit verbracht, meinen **Garten** zu einem Ort zu machen, der nicht nur schön, sondern auch funktional ist. Ich liebe es, den Vögeln beim Herumfliegen zuzusehen und ihnen beim Singen zuzuhören. Manchmal nehme ich sogar ein Buch mit und lese im Garten, während ich von all der Schönheit umgeben bin, die ich geschaffen habe. **Gartenarbeit** ist meine Leidenschaft und bringt mir so viel Freude. Jeder Tag in meinem Garten ist ein guter Tag.

Eine meiner Lieblingsbeschäftigungen ist das Kochen, daher ist ein gut bestückter Kräutergarten für mich sehr **wichtig**. Thymian, Basilikum, Oregano, Rosmarin, Salbei und Lavendel sind nur einige der Kräuter, die ich gerne in meinem Garten anbaue, damit ich sie beim Kochen für mich oder für **Gäste** verwenden kann. Ein weiterer wichtiger Punkt in meinem Garten ist, dass er viel Farbe hat. Um dieses Ziel zu erreichen, baue ich eine Vielzahl von Blumen an, darunter **Rosen**, Lilien, Gänseblümchen, Tulpen, Impatiens, Ringelblumen, usw. Zusätzlich zu den Blumen, die für Farbe sorgen, verwende ich auch gerne verschiedene **Texturen** im Garten, um ihn interessanter zu gestalten.

ho trascorso molte ore a lavorare per rendere il mio **giardino** un luogo non solo bello ma anche funzionale. Mi piace osservare gli uccelli che svolazzano in giro e ascoltarli cantare. A volte tiro fuori un libro e leggo in giardino, circondata da tutta la bellezza che ho creato. Il **giardinaggio** è la mia passione e mi porta tanta gioia. Ogni giorno nel mio giardino è un buon giorno.

Una delle cose che amo fare è cucinare, quindi avere un giardino di erbe aromatiche ben fornito è molto **importante** per me. Timo, basilico, origano, rosmarino, salvia e lavanda sono solo alcune delle erbe che mi piace coltivare nel mio giardino per poterle usare quando cucino per me o per gli **ospiti**. Un'altra cosa importante per me quando si tratta del mio giardino è assicurarmi che ci sia molto colore in tutto il giardino. Per raggiungere questo obiettivo, coltivo una grande varietà di fiori, tra cui **rose**, gigli, margherite, tulipani, impatiens, calendule, ecc. Oltre ad aggiungere colore con i fiori, mi piace anche aggiungere interesse utilizzando diverse **texture** in tutto il giardino.

Fragen zum Verständnis

1. Wo befindet sich der Garten des Autors?

2. Wie viele Hühner hat der Autor?

3. Was macht der Autor jeden Tag im Garten?

4. Warum gefällt dem Autor der Garten?

5. Welche Kräuter pflanzt der Autor in seinem Garten an?

6. Warum ist es für den Autor wichtig, dass es in seinem Garten viele Farben gibt?

7. Wie bringt der Autor Abwechslung in seinen Garten?

8. Wie fühlt sich der Autor, wenn er in seinem Garten arbeitet?

9. Wodurch fühlt sich der Autor verbunden, wenn er in seinem Garten ist?

Domande di comprensione

1. Dove si trova il giardino dell'autore?

2. Quanti polli ha l'autore?

3. Che cosa fa l'autore in giardino ogni giorno?

4. Perché all'autore piace il giardino?

5. Quali sono le erbe che l'autore pianta nel giardino?

6. Perché è importante per l'autore che ci siano molti colori nel suo giardino?

7. Come fa l'autore a dare varietà al suo giardino?

8. Come si sente l'autore quando lavora nel suo giardino?

9. Cosa fa sentire l'autore in sintonia quando è nel suo giardino?

Einkaufen gehen

Ich gehe gerne im Einkaufszentrum einkaufen. Es macht immer so viel Spaß, herumzulaufen und sich all die verschiedenen Geschäfte anzuschauen. Im Einkaufszentrum ist für jeden etwas dabei, und es ist immer ein guter Ort, um Angebote für Kleidung, Schuhe und Accessoires zu finden. **Normalerweise** beginne ich meinen Einkaufsbummel, indem ich durch den **Haupteingang** des Einkaufszentrums gehe. Von dort aus gehe ich zuerst zu meinen Lieblingsgeschäften. Nachdem ich in diesen Geschäften gestöbert habe, laufe ich herum und schaue, ob es in anderen Geschäften Sonderangebote gibt. Normalerweise verbringe ich ein paar Stunden im Einkaufszentrum, bevor ich meine Einkäufe erledige. Ich nehme mir beim Einkaufen immer gerne Zeit**, weil** ich sichergehen will, dass ich **genau** das bekomme, was ich will. Außerdem macht es auf diese Weise einfach mehr Spaß!

Ich finde es immer **faszinierend**, die Leute zu beobachten, wenn ich im Einkaufszentrum bin. An der Art und Weise, wie sie einkaufen, kann man wirklich viel über eine Person erkennen. Manche Leute gehen sehr methodisch vor und lassen sich Zeit, während andere einfach **alles zu** nehmen scheinen**, was sie kriegen** können, und so schnell wie möglich zur Kasse

Fare shopping

Mi piace andare **a fare shopping al** centro commerciale. È sempre molto divertente passeggiare e guardare tutti i diversi negozi. Al centro commerciale ce n'è per tutti i gusti ed è sempre un ottimo posto per trovare offerte su vestiti, scarpe e accessori. **Di solito** inizio il mio shopping attraversando l'**ingresso** principale del centro commerciale. Da lì, mi dirigo prima verso i miei negozi preferiti. Dopo aver dato un'occhiata a quei negozi, vado in giro a vedere se ci sono saldi in corso in altri posti. Di solito trascorro un paio d'ore nel centro commerciale prima di fare i miei acquisti. Mi piace sempre prendermi il tempo necessario per fare shopping**, perché** voglio essere sicura di acquistare **esattamente** ciò che voglio. In più, così è più divertente!

Trovo sempre molto **affascinante** osservare le persone mentre sono al centro commerciale. Si può capire molto di una persona dal modo in cui fa acquisti. Alcune persone sono molto metodiche e si prendono il loro tempo, mentre altre sembrano prendere **tutto quello che** possono e dirigersi alla cassa il più velocemente possibile. Ci sono anche quelli che sembrano più interessati a parlare al cellulare o a mandare messaggi piuttosto che guardare la merce! A prescindere dal tipo

gehen. Es gibt auch Leute, die mehr daran interessiert sind, mit ihrem Handy zu telefonieren oder SMS zu schreiben, als sich die Waren anzusehen! Aber egal, welche Art von Käufer man ist, jeder scheint einen Schaufensterbummel zu genießen - auch wenn man nichts kauft. Der Anblick all der schönen Dinge in den **Schaufenstern** macht mich einfach glücklich. Manchmal stelle ich mir vor, wie es wäre, wenn ich mir **alles, was** ich sehe, leisten könnte! Alles in allem ist ein Einkaufstag im Einkaufszentrum eine meiner Lieblingsbeschäftigungen. Es ist eine tolle Möglichkeit, sich zu entspannen und zu relaxen und sich dabei auch noch ein bisschen zu bewegen (wenn man genug läuft). Außerdem ist es **immer** schön, sich hin und wieder ein neues Hemd oder ein Paar Schuhe zu gönnen!

Ich hatte einen **langen** Arbeitstag und endlich etwas Zeit für mich, also beschloss ich, im Einkaufszentrum einkaufen zu gehen. Ich brauchte ein paar neue Kleider für die **kommende** Saison. Sobald ich das Einkaufszentrum betrat, sah ich all die hellen Lichter und die glänzenden Schaufensterfronten. Ich ging zuerst in mein Lieblingsgeschäft und stöberte durch die Regale. Ich fand ein paar schöne Oberteile und probierte sie in der Umkleidekabine an. Als ich mich im Spiegel betrachtete, hörte ich, wie jemand in die Umkleidekabine neben mir kam. Ich erkannte die Stimme als eine meiner Kolleginnen. Wir begrüßten uns und begannen über die Arbeit zu plaudern.

di acquirente, però, sembra che a tutti piaccia guardare le vetrine, anche se non si compra nulla. C'è qualcosa che mi rende felice nel guardare tutte le belle cose nelle **vetrine** dei negozi. A volte fantastico su come sarebbe se potessi permettermi **tutto quello che** vedo! Tutto sommato, trascorrere una giornata di shopping al centro commerciale è uno dei miei passatempi preferiti. È un ottimo modo per rilassarsi e distendersi, facendo anche un po' di esercizio fisico (se si cammina abbastanza). Inoltre, è **sempre** bello concedersi una camicia o un paio di scarpe nuove ogni tanto!

Ho avuto una **lunga** giornata di lavoro e finalmente avevo un po' di tempo per me, così ho deciso di andare a fare shopping al centro commerciale. Mi servivano dei vestiti nuovi per la **prossima** stagione. Appena sono entrata, ho visto tutte le luci e le vetrine scintillanti. Mi sono diretta prima al mio negozio preferito e ho iniziato a sfogliare gli scaffali. Ho trovato alcuni top carini e li ho provati nel camerino. Mentre mi guardavo allo specchio, sentii qualcuno entrare nel **camerino** accanto al mio. Ho riconosciuto la sua voce come quella di una mia collega. Ci siamo salutati e abbiamo iniziato a chiacchierare di lavoro.

Fragen zum Verständnis

1. Wo lagern Sie am liebsten?

2. Welches ist Ihr Lieblingsgeschäft im Einkaufszentrum?

3. Wie lange bleiben Sie normalerweise im Einkaufszentrum?

4. Was denken Sie über Menschen, die viel Zeit im Einkaufszentrum verbringen?

5. Was machst du am liebsten in einem Einkaufszentrum?

6. Haben Sie schon einmal etwas im Einkaufszentrum gekauft, obwohl Sie es nicht wirklich brauchten?

7. Wie reagieren Sie, wenn Sie im Einkaufszentrum etwas sehen, das Ihnen wirklich gefallen würde, aber zu teuer ist?

8. Haben Sie schon einmal etwas im Einkaufszentrum gesehen und sich gefragt, wer es wohl kaufen würde?

9. Was halten Sie von Leuten, die im Einkaufszentrum mit ihren Handys beschäftigt sind, anstatt sich die Geschäfte anzusehen?

Domande di comprensione

1. Dove vi piace di più conservare?

2. Qual è il vostro negozio preferito nel centro commerciale?

3. Quanto tempo si ferma di solito al centro commerciale?

4. Cosa pensa delle persone che trascorrono molto tempo al centro commerciale?

5. Qual è la cosa che preferite fare al centro commerciale?

6. Avete mai comprato qualcosa al centro commerciale quando non ne avevate davvero bisogno?

7. Come reagite quando al centro commerciale vedete qualcosa che vi piacerebbe molto, ma che costa troppo?

8. Avete mai visto qualcosa al centro commerciale e vi siete chiesti chi lo avrebbe comprato?

9. Qual è la sua opinione sulle persone che al centro commerciale sono impegnate con il cellulare invece di guardare i negozi?

Auf dem Markt

Am Samstagmorgen wache ich früh auf und will unbedingt auf den **Markt**, bevor es zu voll wird. Ich ziehe mir etwas an und gehe zur Tür hinaus, wobei ich unterwegs meine wiederverwendbaren Taschen mitnehme. Auf dem Weg dorthin überlege ich, was ich in der kommenden Woche zubereiten möchte. Ich weiß, dass ich mindestens einmal Gemüse **braten** will, also muss ich gutes Gemüse kaufen. Außerdem möchte ich eine Suppe oder einen Eintopf kochen, also muss ich auch etwas Fleisch kaufen. Ich muss sehen, was gut aussieht, wenn ich dort bin. Der Markt ist nur ein paar Häuserblocks entfernt, und ich sehe schon die aufgebauten Stände und die **Menschen, die** sich dort tummeln.

Ich komme auf dem Markt an und steuere direkt auf den Gemüsestand zu. Die Auswahl ist großartig, und ich fülle meine Taschen mit einer Vielzahl von **frischen** Produkten. Ich unterhalte mich ein wenig mit dem Landwirt, und er empfiehlt mir einige Rezepte. Ich bin gespannt darauf, sie auszuprobieren. Beim Einkaufen plaudere ich mit den **Landwirten** und lerne sie und ihre Produkte kennen. Nachdem ich alles Gemüse eingekauft habe, was ich brauche, gehe ich zur Fleischabteilung. Hier bin ich etwas zögerlicher,

Al mercato

Mi sveglio presto il sabato mattina, desiderosa di andare al **mercato** prima che sia troppo affollato. Mi infilo i vestiti e mi avvio verso la porta, prendendo le mie borse riutilizzabili. Mentre cammino, inizio a pianificare quello che voglio fare per la settimana a venire. So che voglio **arrostire le** verdure almeno una volta, quindi dovrò comprare delle verdure di buona qualità. Voglio anche fare una zuppa o uno stufato, quindi dovrò comprare anche della carne. Dovrò vedere cosa c'è di buono quando arriverò lì. Il mercato è a pochi isolati di distanza e vedo già le bancarelle allestite e la **gente** che vi si aggira.

Arrivo al mercato e mi dirigo subito verso il banco delle verdure. La scelta è bellissima e riempio le mie borse con una grande varietà di prodotti **freschi**. Parlo un po' con il contadino e mi consiglia alcune ricette. Non vedo l'ora di provarle. Mentre faccio la spesa, chiacchiero con i **contadini** per conoscere meglio loro e i loro prodotti. Dopo aver preso tutte le verdure che mi servono, passo al reparto carne. Qui sono un po' più titubante, perché non sono sicuro di quello che voglio prendere. Alla fine scelgo il pollo, perché è versatile e può essere utilizzato in diversi piatti. Compro anche alcuni tagli di carne diversi, assicurandomi di prendere

da ich mir nicht sicher bin, was ich kaufen möchte. Schließlich entscheide ich mich für Hühnerfleisch, weil es vielseitig ist und für eine Vielzahl von Gerichten verwendet werden kann. Ich kaufe auch verschiedene Fleischsorten, wobei ich darauf achte, dass ich Rindfleisch aus Weidehaltung und **Huhn** aus Freilandhaltung kaufe. Der Metzger war ein freundlicher Mann, der trotz seiner langen Arbeitszeiten immer gut gelaunt war. Er wickelte meine Hühnerbrust und mein Steak ein und plauderte mit mir über seine Pläne fürs Wochenende. Ich verabschiedete mich von ihm und setzte meinen Weg fort. Ich kaufte auch noch ein paar Eier und Käse aus der Molkereiabteilung.

Auf dem Markt herrschte reges Treiben, und alle wollten die frischen Produkte und das Fleisch, die angeboten wurden, kaufen. Die Luft war dick mit dem Geruch von Knoblauch und Zwiebeln, und das Lachen und die Gespräche erfüllten die Luft. Ich bahnte mir einen Weg durch die Menge und suchte mir die anderen Artikel für meinen Wocheneinkauf aus. Ich füllte meinen **Korb** mit Obst und Gemüse, Nudeln und Brot, bevor ich mich auf den Weg zur Kasse machte. Die Schlange war lang, aber sie bewegte sich schnell. Schließlich waren die letzten **Lebensmittel** eingekauft, und es war Zeit, nach Hause zu fahren. Das Auto wurde beladen, und die Fahrt nach Hause war lang und mühsam. Der Verkehr war dicht, und die Hitze war drückend. Endlich fuhr das Auto in die Einfahrt, und die Erleichterung war spürbar.

carne di manzo nutrita con erba e **pollo** allevato all'aperto. Il macellaio era un uomo cordiale, sempre allegro nonostante le lunghe ore di lavoro. Mi ha incartato i petti di pollo e la bistecca prima di parlarmi dei suoi programmi per il fine settimana. Lo salutai e proseguii per la mia strada. Ho preso anche delle uova e del formaggio dal reparto latticini.

Il mercato era pieno di gente, tutti desiderosi di mettere le **mani sui** prodotti freschi e sulla carne che venivano offerti. Nell'aria si sentiva l'odore dell'aglio e delle cipolle, e il suono delle risate e delle conversazioni riempiva l'aria. Mi feci strada tra la folla, scegliendo gli altri articoli necessari per la mia spesa settimanale. Riempii il mio **cestino** di frutta e verdura, pasta e pane, prima di dirigermi alla cassa. La fila era lunga, ma si snodava rapidamente. Finalmente gli ultimi acquisti furono fatti ed era ora di tornare a casa. L'auto fu caricata e il viaggio verso casa fu lungo e noioso. Il traffico era intenso e il caldo opprimente. Alla fine l'auto entrò nel vialetto e il sollievo fu palpabile.

Fragen zum Verständnis

1. Wohin geht die Person?

2. Was möchte die Person kaufen?

3. Wie viele Taschen hat die Person?

4. Wie weit ist der Markt entfernt?

5. Was macht die Person im Moment?

6. Was ist alles auf dem Markt?

7. Wie viele Personen befinden sich auf dem Markt?

8. Wie lange hat die Person gebraucht, um alles zu kaufen?

9. Wie ist die Person nach Hause gegangen?

10. Was hat die Person getan, als sie nach Hause kam?

Domande di comprensione

1. Dove sta andando la persona?

2. Cosa vuole comprare la persona?

3. Quante borse ha la persona?

4. Quanto è lontano il mercato?

5. Cosa sta facendo la persona in questo momento?

6. Che cos'è il mercato?

7. Quante persone ci sono nel mercato?

8. Quanto tempo ha impiegato la persona a comprare tutto?

9. Come è tornata a casa la persona?

10. Cosa ha fatto la persona quando è tornata a casa?

In einem Cafe

Es war ein kühler Herbstmorgen, und ich hatte mich mit meiner Freundin Lily in unserem Lieblingscafé auf einen Kaffee verabredet. Ich wickelte mich warm in meinen Mantel und meinen Schal ein und machte mich auf den Weg. Die Blätter fielen von den Bäumen, und die Luft war etwas frisch, aber die Sonne schien, und es versprach, ein schöner Tag zu werden. Während ich ging, **dachte ich** darüber nach, wie gut es war, eine Freundin wie Lily zu haben. Wir waren seit Jahren befreundet, seit wir uns an der **Universität** kennen gelernt hatten. Uns verband die Liebe zum Kaffee und zum Plaudern in Cafés. Obwohl wir inzwischen in verschiedenen Stadtteilen wohnten, trafen wir uns immer noch einmal in der Woche auf einen Kaffee. Als ich im Café ankam, war Lily schon da und wartete auf mich. Wir umarmten uns zur Begrüßung und bestellten unsere Kaffees. Wir suchten uns einen Tisch am Fenster und setzten uns, um zu plaudern. Der **Kaffee** war wie immer köstlich, und es war so schön, sich mit Lily zu unterhalten. Wir sprachen über unsere Woche, unsere Jobs und unsere Pläne für die Zukunft. Es war immer so einfach, mit Lily zu reden, und ich hatte das Gefühl, dass ich ihr alles sagen konnte. Nach einer Weile wurden wir hungrig und **beschlossen,** etwas zu essen zu bestellen.

In un caffè

Era una fredda mattina **d'autunno** e avevo fissato un appuntamento con la mia amica Lily al nostro bar preferito per un caffè. Mi avvolsi al caldo nel cappotto e nella sciarpa e mi avviai. Le foglie cadevano dagli alberi e l'aria era pungente, ma il sole splendeva e prometteva di essere una bella giornata. Mentre camminavo, **pensavo** a quanto fosse bello avere un'amica come Lily. Eravamo amiche da anni, da quando ci eravamo conosciute all'**università**. Avevamo legato per il nostro amore per il caffè e per il tempo trascorso a chiacchierare nei bar. Anche se ora vivevamo in zone diverse della città, riuscivamo comunque a vederci per un caffè una volta alla settimana. Arrivai al caffè e Lily era già lì ad aspettarmi. Ci salutammo con un abbraccio e poi ordinammo i nostri caffè. Trovammo un tavolo vicino alla finestra e ci sedemmo a chiacchierare. Il **caffè** era delizioso, come sempre, ed è stato così bello recuperare il tempo perduto con Lily. Parlammo della nostra settimana, dei nostri lavori e dei nostri progetti per il futuro. Era sempre così facile parlare con Lily e mi sembrava di poterle dire tutto. Dopo un po' cominciammo ad avere fame e **decidemmo** di ordinare qualcosa da mangiare.

Ordinammo il cibo e trovammo posto vicino alla

Wir **bestellten** unser Essen und suchten uns einen Platz am Fenster. Die Sonne schien durch das Fenster herein und verlieh allem eine warme und fröhliche Atmosphäre. Wir unterhielten uns, während wir aßen, und genossen das einfache Vergnügen, in der **Gesellschaft** des anderen zu sein. Das Café war gut besucht, aber es fühlte sich nicht überfüllt an. Es lag ein Gefühl von Frieden und Zufriedenheit in der Luft. Als wir mit dem Essen fertig waren, saßen wir noch eine Weile und genossen die friedliche **Atmosphäre**. Wir unterhielten uns noch eine Weile über verschiedene Dinge, die in unserem Leben passiert waren. Es war so schön, sich mit meiner Freundin auszutauschen und einfach **zu entspannen**. Die Sonne schien durch das Fenster, und wir hatten das Gefühl, dass **nichts** unseren perfekten Tag stören konnte.

Plötzlich hörte ich ein lautes Krachen. Ich drehte mich um und sah, dass ein Mann durch die Decke gefallen war und vor uns auf dem Boden lag. Er war mit Staub und Trümmern **bedeckt** und schien bewusstlos zu sein. Mein Freund und ich standen beide unter Schock und starrten auf den Mann, der auf dem Boden lag. Wir wussten nicht, was wir tun oder wen wir um Hilfe bitten sollten. Wir saßen einfach da und starrten ihn an, ohne zu wissen, was wir tun sollten. Nach ein paar Minuten riss ich mich zusammen und rief 911 an.

finestra. Il sole entrava dalla finestra, rendendo tutto più caldo e felice. Chiacchierammo mentre mangiavamo, godendoci il semplice piacere di stare in **compagnia**. Il caffè era affollato, ma non sembrava affollato. C'era una sensazione di pace e soddisfazione nell'aria. Finito il cibo, ci sedemmo ancora per un po', godendoci l'**atmosfera** tranquilla. Abbiamo parlato per un po' di cose diverse che stavano accadendo nelle nostre vite. È stato così bello recuperare il tempo perduto con la mia amica e **rilassarsi**. Il sole splendeva attraverso la finestra e sembrava che **nulla** potesse rovinare la nostra giornata perfetta.

All'improvviso sentii un forte schianto. Mi girai e vidi che un uomo era caduto dal soffitto e giaceva sul pavimento di fronte a noi. Era **coperto** di polvere e detriti e sembrava privo di sensi. Io e il mio amico eravamo entrambi sotto shock mentre fissavamo l'uomo steso sul pavimento. Non sapevamo cosa fare o chi chiamare aiuto. Rimanemmo lì a fissarlo, senza sapere cosa fare. Dopo qualche minuto mi sono ripreso e ho chiamato il 911.

Fragen zum Verständnis

1. Woher kommt der Mann, der durch das Dach fällt?

2. Warum ist die Frau mit ihrer Freundin im Café?

3. Welches ist das Lieblingscafé der beiden Freunde?

4. Wie lange kennen sich die beiden Freunde schon?

5. Was ist das Lieblingsgetränk der beiden Freunde?

6. In welcher Stadt leben die beiden Freunde?

7. Wie oft treffen sich die beiden Freunde?

8. Worüber sprechen die beiden Freunde, als sie sich zum ersten Mal in ihrem Lieblingscafé treffen?

9. Was ist das Lieblingsessen der beiden Freunde?

10. Warum ist es so einfach, mit Lily zu sprechen?

Domande di comprensione

1. Da dove viene l'uomo che cade dal tetto?

2. Perché la donna è con la sua amica nel caffè?

3. Qual è il caffè preferito dai due amici?

4. Da quanto tempo i due amici si conoscono?

5. Qual è la bevanda preferita dai due amici?

6. In quale città vivono i due amici?

7. Quanto spesso si incontrano i due amici?

8. Di cosa parlano i due amici quando si incontrano per la prima volta nel loro caffè preferito?

9. Qual è il cibo preferito dai due amici?

10. Perché è così facile parlare con Lily?

Schwimmen gehen

Der Pool war immer ein **erfrischender** Ort, und heute war es nicht anders. Die Sonne schien und das Wasser sah einladend aus. Ich holte tief Luft, tauchte ein und spürte die kühle Umarmung des Wassers. Ich schwamm eine Weile meine Runden, genoss die Bewegung und die Möglichkeit, den Kopf frei zu bekommen. Nach einer Weile stieg ich aus dem Wasser und trocknete mich ab, dann setzte ich mich auf ein Handtuch, um mich in der Sonne zu entspannen. Ich schloss die Augen und ließ die **Wärme** über mich ergehen, während sich meine Muskeln zu entspannen begannen. Plötzlich hörte ich ein Plätschern und öffnete die Augen, um meine kleine Schwester zu sehen, **die** im flachen Wasser herumplanschte. Ich lächelte und sah ihr eine Weile zu, dann stand ich auf und ging zu ihr hinüber. Wir unterhielten uns eine Weile, paddelten zusammen und genossen die Gesellschaft des anderen. Bald gesellten sich unsere Eltern zu uns, und wir verbrachten den Rest des Nachmittags mit Schwimmen und gemeinsamen Spielen. Es war immer schön, Zeit mit der Familie im Schwimmbad zu verbringen. **Der** Aufenthalt im Wasser scheint die Menschen zusammenzubringen. Vielleicht liegt es daran, dass wir alle gleich sind, wenn wir im Wasser sind - wir können unsere Schwächen nicht verstecken

Andare a nuotare

La piscina era sempre un luogo **rinfrescante** e oggi non era diverso. Il sole splendeva e l'acqua sembrava invitante. Feci un respiro profondo e mi tuffai, sentendo il fresco abbraccio dell'acqua. Nuotai per un po', godendomi l'esercizio e la possibilità di schiarirmi le idee. Dopo un po' uscii e mi asciugai, poi mi sedetti su un asciugamano per rilassarmi al sole. Chiusi gli occhi e lasciai che il **calore** mi avvolgesse, sentendo i miei muscoli iniziare a rilassarsi. All'improvviso sentii uno spruzzo e aprii gli occhi per vedere la mia sorellina **che sguazzava** nel basso fondale. Sorrisi e la osservai per un po', poi mi alzai e mi avvicinai a lei. Chiacchierammo per un po' e pagaiarono insieme, godendo della reciproca compagnia. Presto i nostri genitori ci raggiunsero e passammo il resto del pomeriggio nuotando e giocando insieme. Era sempre così bello passare del tempo con la famiglia in piscina. C'è **qualcosa** nello stare in acqua che sembra unire le persone. Forse perché quando siamo in acqua siamo tutti uguali, non possiamo nascondere i nostri difetti o fingere di essere ciò che non siamo. O forse è solo perché è divertente! **Qualunque sia** la ragione, mi ha fatto piacere che ci siamo riuniti tutti insieme e che ci siamo goduti la reciproca compagnia in un luogo così speciale.

oder vorgeben, etwas zu sein, was wir nicht sind. Oder vielleicht liegt es einfach daran, dass es Spaß macht! **Was auch immer** der Grund ist, ich war einfach froh, dass wir alle zusammenkommen und die Gesellschaft des anderen an einem so besonderen Ort genießen konnten.

Die Sonne brannte auf meine Haut und der Geruch von Chlor lag in der Luft. Ich hörte das Lachen der Kinder, die im Pool planschten. Ich lag auf einem Liegestuhl neben dem Pool, genoss die Sonne und **den** Tag. Ich hatte meine Augen geschlossen und wollte gerade einschlafen, als ich hörte, wie jemand auf mich zukam. Ich öffnete meine Augen und sah eine Frau neben mir stehen. Sie trug einen Bikini und hatte sich ein Handtuch um die Taille geschlungen. Sie hatte langes blondes Haar und blaue Augen. In der Hand hielt sie ein Fläschchen mit **Sonnenschutzmittel**. “Stört es Sie, wenn ich Ihnen den Rücken mit Sonnencreme einschmiere?”, fragte sie. “Nein, das ist in Ordnung”, sagte ich und setzte mich auf, damit sie meinen Rücken erreichen konnte. Ich spürte ihre Hände auf meiner Haut, als sie die Sonnencreme auftrug.

Il sole batteva sulla mia pelle e l’odore di cloro era nell’aria. Sentivo il rumore dei bambini che ridevano e sguazzavano nella piscina. Ero sdraiata su una sedia a **sdraio** accanto alla piscina, a prendere il sole e a **godermi la** giornata. Avevo gli occhi chiusi e stavo per addormentarmi quando sentii qualcuno avvicinarsi a me. Aprii gli occhi e vidi una donna in piedi accanto a me. Indossava un bikini e aveva un asciugamano avvolto intorno alla vita. Aveva lunghi capelli biondi e occhi azzurri. Aveva in mano un flacone di **crema solare**. “Ti dispiace se ti metto un po’ di crema solare sulla schiena?”, mi chiese. “No, va bene”, risposi, sedendomi in modo che potesse raggiungermi la schiena. Sentii le sue mani sulla mia pelle mentre applicava la crema solare.

Fragen zum Verständnis

1. Wo war der Erzähler, als er die Geschichte begann?

2. Was riecht der Erzähler, wenn er seine Augen öffnet?

3. Was hört der Erzähler, als er seine Augen öffnet?

4. Wem gehört die Sonnencreme, die die Frau dem Erzähler gibt?

5. Wovon träumt der Erzähler?

6. Warum ist das Schwimmen im Meer für den Erzähler so besonders?

7 Wie fühlt sich das Wasser an, in dem der Erzähler schwimmt?

8. Was sieht der Erzähler, als er aus dem Wasser kommt?

9. Was tut die Frau, nachdem sie den Erzähler mit Sonnencreme eingecremt hat?

10. Worüber sprechen der Erzähler und die Frau am Ende der Geschichte?

Domande di comprensione

1. Dove si trovava il narratore quando ha iniziato la storia?

2. Che odore sente il narratore quando apre gli occhi?

3. Cosa sente il narratore quando apre gli occhi?

4. Di chi è la crema solare che la donna dà al narratore?

5. Che cosa sogna il narratore?

6. Perché il bagno in mare è così speciale per il narratore?

7.Come si sente l'acqua in cui nuota il narratore?

8. Cosa vede il narratore quando esce dall'acqua?

9. Cosa fa la donna dopo aver messo la crema solare al narratore?

10. Di che cosa parlano il narratore e la donna alla fine della storia?

Mähen des Rasens

Es ist 10 Uhr morgens an einem **Sommersamstag**, und die Sonne brennt bereits erbarmungslos auf die Erde. Sie stapfen in die Garage, um den Rasenmäher zu holen, und haben das Gefühl, dass Sie zu harter Arbeit **verurteilt werden**. Du fängst an, den Rasen zu mähen, wobei du darauf achtest, dass du schön langsam vorgehst, damit du keine Stelle übersiehst. Während du mähst, denkst du daran, wie gut es sich anfühlt, draußen an der frischen Luft zu sein. Als du den Rasenmäher hin und her schiebst, siehst du aus dem **Augenwinkel** deinen Nachbarn. Sie winken und grüßen, und er winkt zurück.

Nach ein paar Minuten sind Sie fertig und gehen zum Haus Ihres Nachbarn, um mit ihm im Vorgarten ein Bier zu trinken. Es ist ein **perfekter** Tag - nicht zu heiß, und es weht eine leichte Brise. Sie sitzen im Schatten des Baumes, nippen an Ihrem Bier und unterhalten sich mit Ihrem Nachbarn. Es sind Tage wie dieser, an denen man den Sommer zu schätzen weiß. Dann **gehen Sie** ins Haus, um ein wohlverdientes Bier zu trinken. Sie lassen sich in einen Stuhl auf der Veranda fallen, öffnen die Dose und lassen einen zufriedenen Seufzer los. Das Geräusch des Rasenmähers tritt in den Hintergrund, während du dich im Schatten

Tagliare il prato

Sono le 10 del mattino di un **sabato** estivo e il sole picchia già senza pietà. Si va in garage a prendere il tosaerba, con la sensazione di essere **condannati** ai lavori forzati. Iniziate a tagliare il prato, facendo attenzione ad andare piano per non perdere nessun punto. Mentre si taglia, si pensa a quanto sia bello stare all'aria aperta. Mentre iniziate a spingere il tosaerba avanti e indietro per il prato, con la coda dell'**occhio** vedete il vostro vicino. Lo salutate con la mano e lui ricambia.

Dopo qualche minuto, avete finito e vi recate a casa del vostro vicino per bere una birra con lui nel giardino davanti a casa. È una giornata **perfetta**: non fa troppo caldo e soffia una leggera brezza. Ci si siede all'ombra dell'albero, sorseggiando la birra e chiacchierando con il vicino. Sono giornate come questa che fanno apprezzare l'estate. Poi si **entra** in casa per una meritata birra. Ci si sdraia su una sedia del portico e si apre la lattina, tirando un sospiro soddisfatto. Il rumore del tosaerba passa in secondo piano mentre vi rilassate all'ombra, godendovi la **tranquillità del** momento. La birra ha un sapore ancora più buono dopo tutto quel duro lavoro al caldo. Stavo per rientrare in casa quando ho sentito un rumore nella stanza accanto.

entspannst und die **Ruhe** des Augenblicks genießt. Das Bier schmeckt besonders gut nach all der harten Arbeit in der Hitze. Ich wollte gerade ins Haus gehen, als ich nebenan ein Geräusch hörte.

Es **hörte sich an**, als ob jemand weinen würde. Ich hörte auf zu mähen und ging zu dem Zaun, der unsere Gärten trennte. Ich spähte hinüber und sah meine Nachbarin, Mrs. Johnson, weinend auf ihrer Verandaschaukel. Ich rief nach ihr, aber sie hörte mich nicht. Ich kletterte über den Zaun und ging zu ihr hinüber. “Mrs. Johnson, geht es Ihnen gut?” fragte ich. Sie schaute mich mit Tränen in den Augen an und schüttelte den Kopf. “Nein, mir geht es nicht gut”, sagte sie. “Meine Katze ist gestern gestorben.” Ich war schockiert. Ich wußte nicht, was ich sagen sollte. Ich stand nur unbeholfen da und wusste nicht, was ich tun sollte. Schließlich legte ich ihr die Hand auf die **Schulter** und sagte: “Es tut mir so leid, Mrs. Johnson. Wenn ich Ihnen irgendwie helfen kann, lassen Sie es mich bitte wissen. “Sie schüttelte den Kopf und sagte: “Nein, es gibt **nichts**, was man tun könnte.” Dann stand sie auf und ging in ihr Haus. Ich stand einen Moment lang da und wusste nicht, was ich tun sollte. Dann mähte ich wieder meinen Rasen. Als ich fertig war, musste ich unweigerlich an Frau Johnson und ihre Katze denken.

Sembrava che qualcuno stesse piangendo. Smisi di falciare e mi avvicinai alla recinzione che separava i nostri cortili. Mi affacciai e vidi la mia vicina, la signora Johnson, che piangeva sul dondolo del suo portico. La chiamai, ma non mi sentì. Scavalcai la recinzione e mi avvicinai a lei. "Signora Johnson, sta bene?". Le chiesi. Lei mi guardò con le lacrime agli occhi e scosse la testa. "No, non sto bene", disse. "Ieri è morto il mio gatto". Ero scioccato. Non sapevo cosa dire. Rimasi lì impacciato, senza sapere cosa fare. Alla fine le misi una mano sulla **spalla** e dissi: "Mi dispiace molto, signora Johnson. Se posso fare qualcosa per aiutarla, me lo faccia sapere". "Lei scosse la testa e disse: "No, nessuno può fare **niente**". Poi si alzò ed entrò in casa sua. Rimasi lì per un momento, senza sapere cosa fare. Poi tornai a tagliare il prato. Mentre finivo, non potei fare a meno di pensare alla signora Johnson e al suo gatto.

Fragen zum Verständnis

1. Wie spät ist es?

2. Wo mäht die Person?

3. Wie fühlt sich die Person?

4. Warum muss die Person langsam mähen?

5. Was für ein Wetter ist es?

6. Was macht die Person nach dem Mähen?

7. Was hört die Person, bevor sie nach Hause geht?

8. Wer ist bei Mrs. Johnson?

9. Warum weint Mrs. Johnson?

10. Was sagt die Person zu Frau Johnson?

Domande di comprensione

1. Che ora è?

2. Dove si trova la persona che sta falciando?

3. Come si sente la persona?

4. Perché la persona deve falciare lentamente?

5. Che tempo fa?

6. Cosa fa la persona dopo la falciatura?

7. Cosa sente la persona prima di tornare a casa?

8. Chi è con la signora Johnson?

9. Perché la signora Johnson piange?

10. Cosa dice la persona alla signora Johnson?

Zum Haareschneiden

Ich wollte mir schon seit Wochen die Haare schneiden lassen, aber irgendwie habe ich es immer wieder aufgeschoben. Aber da **Weihnachten** vor der Tür stand, wusste ich, dass ich es nicht länger aufschieben konnte. Ich wollte beim Weihnachtsessen meiner Familie nicht wie ein schmuddeliges Etwas erscheinen. Also machte ich mich am frühen Weihnachtsmorgen auf den Weg zum Friseur. Obwohl es noch früh war, war der Salon schon voll mit anderen Leuten, **die sich** für die Feiertage die Haare machen ließen. Ich nahm meinen Platz in der Schlange ein und wartete, bis ich an der Reihe war. Endlich war ich mit dem Stuhl dran. Die Friseurin, eine freundliche Frau namens Jill, fragte mich, was ich wollte. "Nur einen Trimmschnitt, nichts allzu Drastisches", antwortete ich. Jill machte sich an die Arbeit und schnippelte an meinem Haar herum. Während sie arbeitete, begann ich mich zu entspannen. Es war ein gutes Gefühl, mich endlich um mich selbst zu kümmern. In letzter Zeit war ich so sehr damit beschäftigt gewesen, mich um alle anderen zu kümmern, dass ich meine eigenen Bedürfnisse vernachlässigt hatte. Aber das war **vorbei**. Von nun an wollte ich mir Zeit für mich nehmen.

Tagliarsi i capelli

Erano settimane che volevo tagliarmi i capelli, ma in qualche modo riuscivo sempre a rimandare. Ma con il **Natale** alle porte, sapevo che non potevo più rimandare. Non volevo presentarmi alla cena di Natale della mia famiglia con un aspetto trasandato. Così, la mattina presto di Natale, mi sono recata al salone. Anche se era presto, il salone era già pieno di persone che **si facevano** fare i capelli per le feste. Presi posto nella fila e aspettai il mio turno. Finalmente arrivò il mio turno sulla poltrona. La parrucchiera, una donna gentile di nome Jill, mi chiese cosa volessi. "Solo una spuntatina, niente di troppo drastico", risposi. Jill si mise al lavoro, tagliando i miei capelli. Mentre lavorava, cominciai a rilassarmi. Mi sentivo bene a prendermi finalmente cura di me stessa. Ultimamente ero stata così occupata a correre in giro per prendermi cura di tutti gli altri, che avevo lasciato cadere in secondo piano i miei bisogni. Ma **ora** non **più**. D'ora in poi avrei trovato il tempo per me stessa.

Quando Jill ha finito, mi sono guardata allo specchio e sono rimasta soddisfatta di ciò che ho visto. I miei capelli avevano un aspetto ordinato e curato, perfetto per le feste. **Ringraziai** Jill e presi **nota** di tornare

Als Jill fertig war, schaute ich in den Spiegel und war mit dem, was ich sah, zufrieden. Mein Haar sah ordentlich und glänzend aus - perfekt für Festtagsfeiern. Ich **bedankte mich bei** Jill und nahm **mir vor, öfter wiederzukommen**. Von nun an werde ich mich in erster Linie um mich selbst kümmern. Sie machte sich an die Arbeit und schnippelte an meinem Haar herum. Ich dachte darüber nach, wie dankbar ich war, dass ich endlich dazu gekommen war, mir die Haare schneiden zu lassen. Es war ein gutes Gefühl zu wissen, dass ich zum **Weihnachtsessen** vorzeigbar aussehen würde. Ich musste mir keine Sorgen mehr machen, dass meine Familie mich wegen meines “ungepflegten” Aussehens hänseln würde. Nach ein paar Minuten war der Friseur mit dem Schneiden meiner Haare fertig und föhnte sie kurz. Ich schaute in den Spiegel und war zufrieden mit dem, was ich sah - ein gepflegtes Aussehen, das perfekt für das Weihnachtsessen sein würde. Jetzt, da mein Haarschnitt erledigt war, konnte ich mich darauf konzentrieren, die Feiertage mit meiner Familie zu genießen. Und dafür war ich umso dankbarer.

più spesso. D'ora in poi mi prenderò cura di me stessa prima di tutto. Si mise al lavoro per tagliare i miei capelli. Pensai a quanto fossi grata di essermi finalmente decisa a tagliarmi i capelli. Era bello sapere che sarei stata presentabile per la **cena** di Natale. Non avrei più dovuto preoccuparmi che la mia famiglia mi prendesse in giro per il mio aspetto "trasandato". Dopo qualche minuto, la parrucchiera finì di tagliarmi i capelli e mi diede una rapida asciugata. Mi guardai allo specchio e fui felice di ciò che vedevo: un look pulito che sarebbe stato perfetto per la cena di Natale. Ora che il taglio di capelli era stato superato, potevo concentrarmi sulle vacanze con la mia famiglia. Ed ero ancora più grata per questo.

Fragen zum Verständnis

1. Was musste der Protagonist vor Weihnachten tun?

2. Wie hat sich die Protagonistin gefühlt, als sie für sich selbst sorgte?

3. Wer hat dem Protagonisten die Haare gestutzt?

4. Warum wollte die Familie der Protagonistin sie hänseln?

5. Wie hat sich die Protagonistin gefühlt, nachdem sie ihren Haarschnitt bekommen hat?

6. Was hat die Protagonistin getan, nachdem sie sich die Haare schneiden ließ?

7. Wie hat die Familie der Protagonistin auf ihren Haarschnitt reagiert?

8. Was hat der Protagonist an Heiligabend gemacht?

9. Was hat die Erfahrung des Protagonisten zu etwas Besonderem gemacht?

Domande di comprensione

1. Che cosa doveva fare il protagonista prima di Natale?

2. Come si è sentita la protagonista nel prendersi cura di sé?

3. Chi ha tagliato i capelli al protagonista?

4. Perché la famiglia della protagonista la prendeva in giro?

5. Come si è sentita la protagonista dopo essersi tagliata i capelli?

6. Che cosa ha fatto la protagonista dopo essersi tagliata i capelli?

7. Qual è stata la reazione della famiglia della protagonista al suo taglio di capelli?

8. Che cosa ha fatto il protagonista la vigilia di Natale?

9. Cosa ha reso più speciale l'esperienza del protagonista?

Der Park

Die Sonne ging gerade unter, und der Park war leer. Ich saß auf der Bank und wartete auf meine **Freundin**. Wir hatten uns vor einer Stunde hier verabredet, aber sie war immer zu spät. Gerade als ich aufgeben und nach Hause gehen wollte, sah ich sie auf mich zulaufen. "Es tut mir so leid", keuchte sie, als sie die Bank erreichte. "Mein Zug **hatte Verspätung**." "Ist schon gut", sagte ich **verzeihend**. "Ich bin auch gerade erst gekommen." Wir setzten uns hin und unterhielten uns eine Weile, wobei wir uns über das Leben des jeweils anderen unterhielten, seit wir uns das letzte Mal gesehen hatten. Die Unterhaltung verlief **mühelos**, und es kam uns vor, als sei seit unserer letzten Begegnung überhaupt keine Zeit vergangen. Als die Sonne unterging, verabschiedeten wir uns und gingen unsere eigenen Wege. Das nächste Mal, als wir uns trafen, war es in einem anderen Park. Wieder war sie spät dran, aber das machte mir nichts aus. Es war schön, jemanden zum Reden zu haben, der mich **verstand**. Wir sprachen über unsere Träume und **Hoffnungen**, über die Dinge, die wir in unserem Leben tun wollten. Sie erzählte mir von ihren Plänen, die Welt zu bereisen, und ich erzählte von meinem Traum, Schriftstellerin zu werden. Als die Sonne an einem anderen Tag unterging, verabschiedeten wir uns noch einmal und

Il parco

Il sole stava tramontando e il parco era vuoto. Mi sedetti sulla panchina ad aspettare la mia **amica**. Avevamo programmato di incontrarci qui un'ora fa, ma lei era sempre in ritardo. Proprio quando stavo per arrendermi e tornare a casa, la vidi correre verso di me. "Mi dispiace tanto", ansimò quando raggiunse la panchina. "Il mio treno è **in ritardo**". "Non c'è problema", dissi **con indulgenza**. "Sono appena arrivato anch'io". Ci siamo seduti e abbiamo chiacchierato per un po', aggiornandoci sulle nostre vite dall'ultima volta che ci siamo visti. La conversazione è fluita **facilmente** e ci è sembrato che non fosse passato affatto del tempo dall'ultima volta che ci siamo visti. Al tramonto ci siamo salutati e abbiamo preso strade diverse. La volta successiva ci incontrammo in un altro parco. Anche in questo caso era in ritardo, ma non mi dispiaceva. Era bello avere qualcuno con cui parlare che mi **capisse**. Parlammo dei nostri sogni e delle nostre **aspirazioni**, delle cose che volevamo fare nella nostra vita. Lei mi parlò dei suoi progetti di viaggiare per il mondo e io le confidai il mio sogno di diventare scrittrice. Al tramonto di un altro giorno, ci siamo salutate ancora una volta, promettendo di tenerci in contatto questa volta.

Gli anni sono passati e la nostra **amicizia** è rimasta forte, anche se ora viviamo in zone diverse del Paese.

versprachen uns, diesmal in Kontakt zu bleiben.

Die Jahre vergingen, und unsere **Freundschaft** blieb bestehen, obwohl wir jetzt in verschiedenen Teilen des Landes lebten. Wir hielten den Kontakt durch Briefe und gelegentliche Telefonate aufrecht und teilten uns gegenseitig die Neuigkeiten aus unserem Leben mit. Als sie ankündigte, dass sie heiraten würde, war ich nicht **überrascht** - sie war schon immer der **abenteuerlustige** Typ gewesen. Aber als sie mich fragte, ob ich ihre Trauzeugin bei ihrer Hochzeitsfeier sein würde, die am anderen Ende der Welt stattfand, musste ich sie erst einmal überzeugen! Letztendlich konnte ich jedoch nicht zulassen, dass meine beste Freundin ohne mich an ihrer Seite heiratet, und so **stimmte** ich trotz meiner Befürchtungen (und nach langem Bitten ihrerseits!) zu, das **Abenteuer** meines Lebens mitzumachen.

Endlich war der Tag der **Hochzeit** gekommen. Ich war nervös, aber auch aufgeregt, bei einem so wichtigen Moment im Leben meiner Freundin dabei zu sein. Die Zeremonie war wunderschön, und sie sah glücklich aus, als sie ihr Gelübde ablegte. **Danach** feierten wir mit einer großen Party - es schien, als ob jeder, den sie kannte, gekommen war, um mit ihr zu feiern! Es war ein **magischer** Tag, den ich nie vergessen werde, und unsere Freundschaft ist nach diesem Abenteuer nur noch stärker geworden.

Ci siamo tenute in contatto tramite lettere e telefonate occasionali, condividendo le notizie della nostra vita. Quando annunciò che si sarebbe sposata, non ne fui **sorpreso**: era sempre stata un tipo **avventuroso**. Ma quando mi ha chiesto di farle da damigella d'onore alla cerimonia di matrimonio che si sarebbe svolta a metà strada dal luogo in cui vivevo... c'è voluto un po' per convincerla! Alla fine, però, non potevo permettere che la mia migliore amica si sposasse senza di me al suo fianco, così, nonostante le mie paure (e dopo molte suppliche da parte sua!), ho **accettato** di partecipare a quella che si è rivelata l'**avventura** di una vita.

Finalmente è arrivato il giorno del **matrimonio**. Ero nervosa, ma entusiasta di partecipare a un momento così importante della vita della mia amica. La cerimonia è stata bellissima e lei sembrava felice mentre pronunciava le sue promesse. **Dopo**, abbiamo festeggiato con una grande festa: sembrava che tutti i suoi conoscenti fossero venuti a festeggiare con lei! È stato un giorno **magico** che non dimenticherò mai, e la nostra amicizia si è rafforzata dopo quell'avventura.

Fragen zum Verständnis

1. Wo haben sich die Autorin und ihr Freund zum ersten Mal getroffen?

2. Warum kam der Freund des Autors zu spät zu ihrem Treffen?

3. Worüber sprachen die Freunde, als sie sich Jahre später wieder trafen?

4. Wie hat sich die Autorin gefühlt, als sie an der Hochzeit ihrer Freundin teilnahm?

5. Beschreiben Sie den Rahmen der Hochzeitszeremonie.

6. Wie hat sich die Freundschaft zwischen den beiden Frauen im Laufe der Zeit verändert?

7. Was ist der Traum des Autors?

8. Wohin plant der Freund des Autors zu reisen?

Domande di comprensione

1. Dove si sono incontrati per la prima volta l'autrice e la sua amica?

2. Perché l'amico dell'autore è arrivato in ritardo all'incontro?

3. Di che cosa hanno parlato gli amici quando si sono rivisti anni dopo?

4. Come si è sentita l'autrice ad assistere alla cerimonia di matrimonio della sua amica?

5. Descrivete l'ambientazione della cerimonia nuziale.

6. Come è cambiata l'amicizia tra le due donne nel corso del tempo?

7. Qual è il sogno dell'autore?

8. Dove intende viaggiare l'amico dell'autore?

www.ingramcontent.com/pod-product-compliance
Lightning Source LLC
LaVergne TN
LVHW010604160826
845677LV00013B/3233

* 9 7 9 8 8 4 6 2 2 9 3 3 4 *